RICHTIG ZEICHNEN UND SKIZZIEREN

RICHTIG ZEICHNEN UND SKIZZIEREN

JOSE M. PARRAMON

Aus dem Französischen übertragen von
Christa L. Cordes

EDITION
MICHAEL FISCHER

Titel der Originalausgabe: "Así se dibuja"
Aus dem Französischen übertragen von Christa L.
Cordes

4. Auflage 1987

Gesamtherstellung:
ISBN 3-924433-05-4

Printed in Spain by Cayfosa
Ctra. de Caldes, Km. 3,2
Sta. Perpètua de Mogoda
Barcelona

Register Book number: 785
Legal Deposit: B-33.992-87

INHALTSVERZEICHNIS

Die Buchreihe "Malen und Zeichnen" ermöglicht eine umfangreiche Einführung und Ausbildung in den unterschiedlichen künstlerischen Maltechniken. Sie wendet sich an alle, die einzeln oder in der Gemeinschaft mit anderen Wege des künstlerischen Schaffens für sich entdecken wollen.

"Erlesene Schöpfungen", wie Valéry es nannte, sind heute nicht mehr einer Elite vorbehalten, sondern für alle erreichbar, die sich von kreativer Arbeit anregen lassen.

Der einzelne Hobbymaler oder der Gruppenleiter findet in diesen Bänden alle Antworten auf technische Probleme, die sich bei schöpferischen Überlegungen zwangsläufig stellen.

Die Bände umfassen die ganze Spannbreite der unterschiedlichsten Ausdrucksformen, beschreiben das dafür notwendige Material und stellen die einzelnen Phasen der Entstehung der Arbeiten vor.

Die Bände, die in erster Linie der Einführung in die jeweilige Technik gelten, sind fast immer in Kursform abgefaßt. Jede Lektion ist aktiv gestaltet: Der Theorie folgen ausführliche praktische Übungen mit fortschreitendem Schwierigkeitsgrad.

Zahlreiche Illustrationen ermöglichen die unmittelbare Anschauung und dienen dem besseren Verständnis der einzelnen Stadien der jeweiligen künstlerischen Technik. Kleine humorvolle Geschichten lockern das Ganze auf und vermitteln gleichzeitig allgemeine Kenntnisse.

Am Schluß der entscheidenden Kapitel fassen wir die wichtigsten Gedanken und die wesentlichen Gesetze noch einmal zusammen, um das Erlernte zu festigen.

Mögen diese Bände Ihnen den Einstieg und die Ausbildung in der künstlerischen Ausdrucksform Ihrer Wahl erleichtern.

Die Erziehung des Auges

WIE MAN MIT DER SICHERHEIT EINES FACHMANNES DIE MASSE UND PROPORTIONEN BESTIMMT

Im täglichen Leben nimmt das menschliche Auge schon bei der geringsten Wahrnehmung zahlreiche Sachverhalte gleichzeitig auf: die Lage eines Gegenstandes, seine Form, die Größe, die Beziehung zum Umfeld etc.

Für den Maler reicht dieses instinktive Sehen nicht. Er muß sein Auge systematisch trainieren, um das, was er sieht, korrekt wiedergeben zu können. Wie sagte schon der berühmte Maler und geniale Künstler Leonardo da Vinci vor einem halben Jahrtausend in seiner "Abhandlung über die Malerei" zu seinen Schülern:

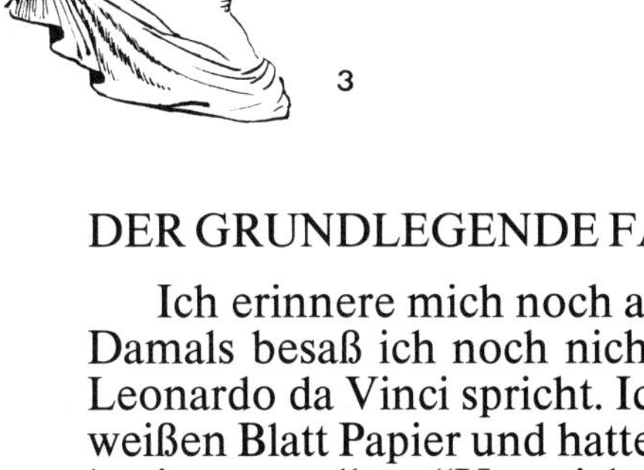

3

"Üben Sie Ihr Auge, und lernen Sie, die wirkliche Länge und Breite der Gegenstände einzuschätzen. Um Ihren Geist daran zu gewöhnen, soll einer von Ihnen mit Kreide eine gerade Linie an die Wand zeichnen und die anderen aus etwa zehn Schritt Entfernung deren Länge bestimmen. Derjenige, der dem richtigen Maß am nächsten kommt, ist der Sieger. Dieses Spiel wird die Urteilsfähigkeit Ihres Auges schulen. Und diese ist ein grundlegender Faktor beim Zeichnen und Malen."

DER GRUNDLEGENDE FAKTOR BEIM MALEN UND ZEICHNEN

Ich erinnere mich noch an die erste Zeit, als ich zu zeichnen begann. Damals besaß ich noch nicht diese Urteilsfähigkeit des Auges, von der Leonardo da Vinci spricht. Ich saß wie viele vor und nach mir vor einem weißen Blatt Papier und hatte keine Ahnung, wo und wie ich zu zeichnen beginnen sollte. "Umzeichne dein Modell", hatte man mir geraten. "Beginne, alle Formen blockartig zu betrachten; stelle sie in einen Rahmen. Von da aus kannst du dann alle Einzelheiten aufbauen."

Aber ich fragte mich pausenlos: "Wo soll ich anfangen? Wie soll ich diese Rahmen zeichnen und vor allem wie groß? WO? WIE?" Und ich sagte mir: "Vor diesem Umzeichnen muß noch etwas anderes passieren; etwas, das mir hilft, dieser schrecklichen Unsicherheit des weißen Papiers zu entkommen."

Mit der Zeit habe ich herausgefunden, daß dieses Vorstadium aus der mentalen Berechnung der Dimensionen besteht. Anschließend begriff ich, daß als zweites Problem die Verkleinerung oder die Vergrößerung dieser Maße hinzukommt, also die Bestimmung der richtigen Proportionen. Erst dann – und nicht vorher! – war es mir möglich, in die Praxis umzusetzen, was man mir über das Umzeichnen des Modells mit einem Rahmen erzählt hatte.

ERSTER SCHRITT: DIE GEDANKLICHE BERECHNUNG DER DIMENSIONEN

Sehen Sie einmal, dort kommt ein Künstler – ein Mann, der allem Anschein nach das Zeichnen zu seinem Beruf gemacht hat. Wollen wir ihm folgen?

Mit der Zeichenmappe und dem Schemel unter dem Arm schlendert er durch die Gassen eines Dorfes und begibt sich auf direktem Wege zu der Stelle, die er bereits vorher ausgewählt hat: zur Fassade eines alten Hauses (siehe gegenüberliegende Zeichnung). Er erreicht sein Modell und bleibt mindestens fünf Minuten in merkwürdiger Haltung davor stehen. Genug Zeit hat er ja.

Ohne das Haus aus den Augen zu lassen, öffnet er nachdenklich seine Zeichenmappe, stellt den Schemel ab und setzt sich.

Er betrachtet weiterhin sein Modell. In der Nähe warten zwei Kinder darauf, daß er irgend etwas auf das Papier zeichnet. Eines von beiden ruft schließlich: "Der malt ja gar nicht!" Es klingt, als wolle das Kind sagen: "Das ist ja ein Idiot!" Doch der Maler hört das Kind nicht; er ist in tiefe Betrachtung versunken.

Dann kehrt er völlig unvermittelt in die Wirklichkeit zurück. Er zieht ein weißes Stück Papier hervor, befestigt es mit Klammern auf dem Zeichenbrett, holt ein paar Stifte aus der Tasche und wählt einen davon aus... "Na, was möchtest du denn, Kleiner? Zeichnest du auch gern?" Erst jetzt hat er die beiden Kinder bemerkt.

Der Mann betrachtet sein Blatt Papier und fährt mit den Blicken von oben nach unten, als zeichne er bereits mit den Augen. Dann hebt er den Kopf. Er studiert das Modell erneut, und sein Blick gleitet über die Einzelteile der Tür, über die Gitter, die Rolläden und die Balkone.

Wissen Sie, was der Künstler in diesem Augenblick tut? Er rechnet! Er berechnet "die wirkliche Länge und Breite des Gegenstandes", wie Leonardo da Vinci es empfahl. Er vergleicht den einen Abstand mit dem anderen, sucht Anhaltspunkte, auf die er die Hauptlinien stützen kann, und zieht imaginäre Linien, um die Größe gewisser Einzelteile im Verhältnis zu anderen zu bestimmen.

Daraus besteht die gedankliche Berechnung. Lassen Sie sie mich in Form einer Regel zusammenfassen.

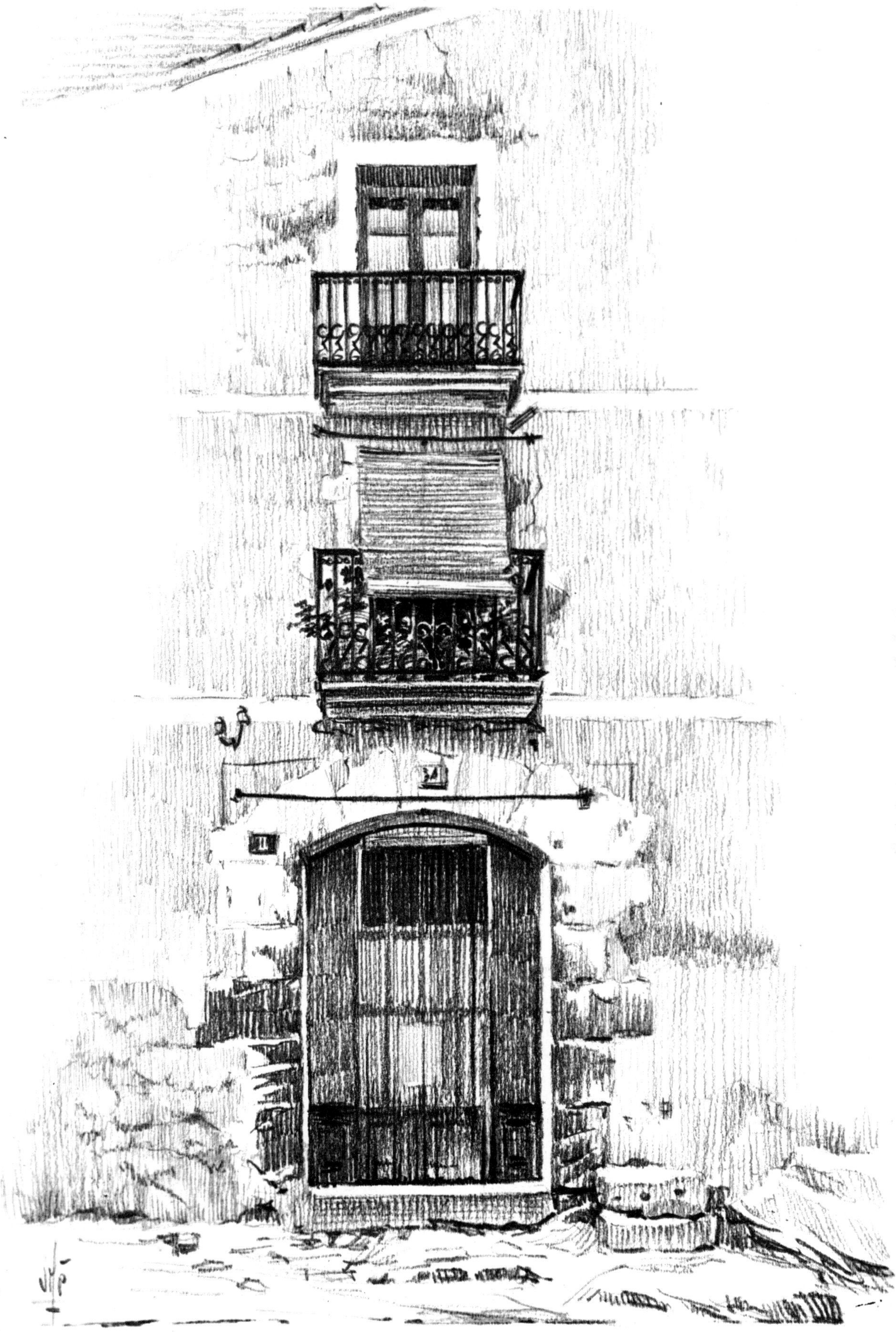

Die gedankliche Berechnung von Dimensionen geschieht durch:

A	B	C
Vergleich gewisser Abstände miteinander.	Suche nach Anhaltspunkten, auf die sich die Hauptlinien stützen.	Ziehen imaginärer Linien, um die Lage gewisser Teile im Verhältnis zu anderen zu bestimmen.

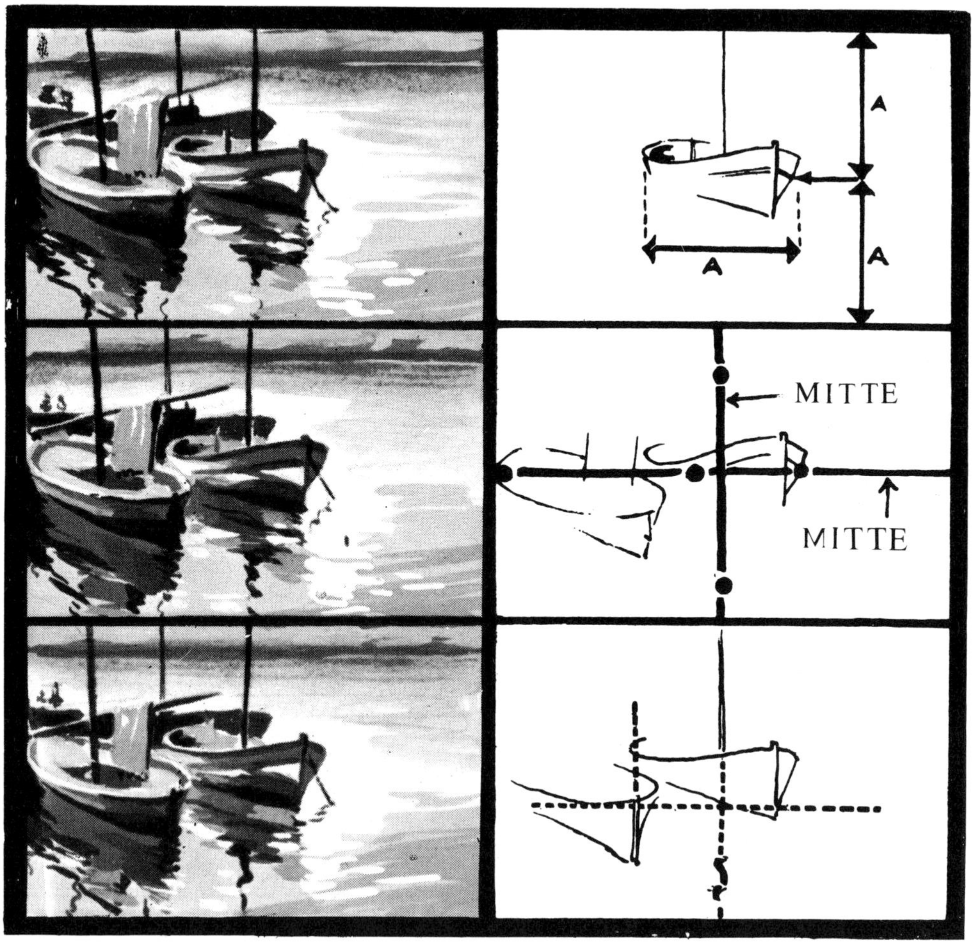

Es wäre fantastisch, wenn man in die Gedankenwelt dieses Künstlers eindringen und feststellen könnte, was in ihm vorgeht, während er diese wichtige Arbeit des Beobachtens und Maßnehmens vornimmt.

Nehmen wir einmal an, es gelänge uns...

Als der Mann sein Modell erreicht hat, überlegt er folgendes:

Ein Freund hat mich gebeten, ihm ein Bild für sein Wohnzimmer zu malen. Es soll ein kleines, einfaches, sehr schlichtes Gemälde sein: eine Eingangstür, ein Balkon — und ein Rolladen. Wenig Perspektive. Als Farben — Grün für den Rolladen, Rot für die Mauer. Das wird ganz hübsch. Eine Tür, ein Balkon, darüber noch einer... Mein Freund wird zufrieden sein.

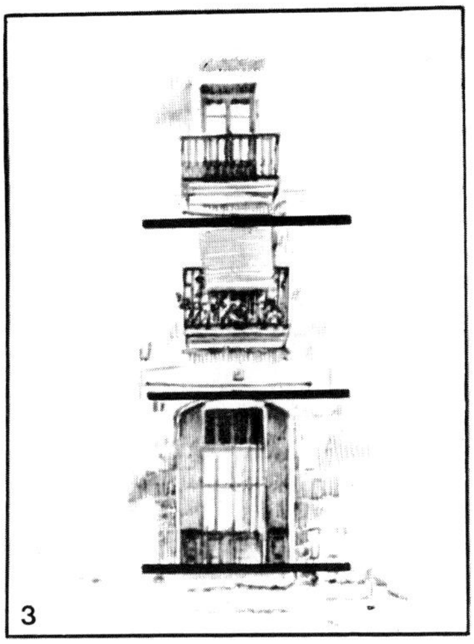

3

Da haben wir also eine Tür und zwei Balkone... Sind sie gleich hoch? Nein, der obere ist ein wenig kleiner. Das ergibt also Perspektive. Ist die Tür genauso hoch wie der erste Balkon? Natürlich nicht: die Tür ist höher als der Balkon. Ich brauche also einen Anhaltspunkt. Tür — Balkon... Da haben wir's. Die Höhe der Tür entspricht genau der Höhe des ersten Balkons plus dem Mauerstück darüber.

Und wie weit sind die beiden Balkons auseinander? Der Abstand ist genau halb so groß wie der zwischen der Eingangstür und dem ersten Balkon, wo sich die Hausnummer befindet. Dieselbe Entfernung taucht noch einmal beim zweiten Balkon auf. Noch einmal dieses Maß und ein zweitesmal und noch mal — und ich habe das Geländer.

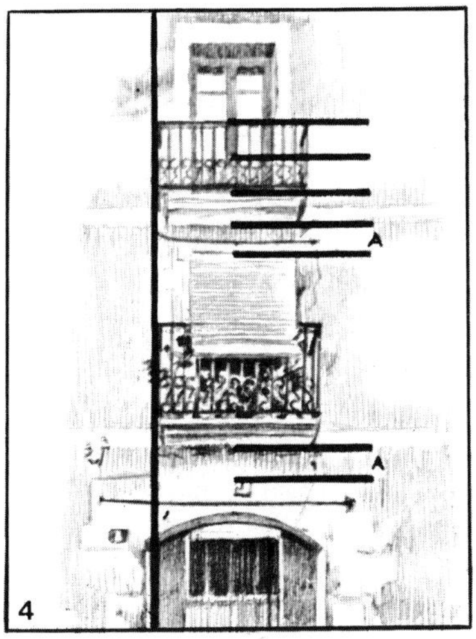

4

Eine Tür, ein Balkon, ein zweiter Balkon... Eine senkrechte Linie... Noch ein Strich von oben nach unten... Und schon hat alles seine Richtigkeit!

Eine rechteckige Tür... Ihre Breite? Ihre Höhe? Die Höhe ist größer als die Breite. Doppelt so groß? Mal sehen... Ich zeichne ein Viereck und setze noch einmal die Hälfte darauf. Da haben wir's. Das war ganz einfach.

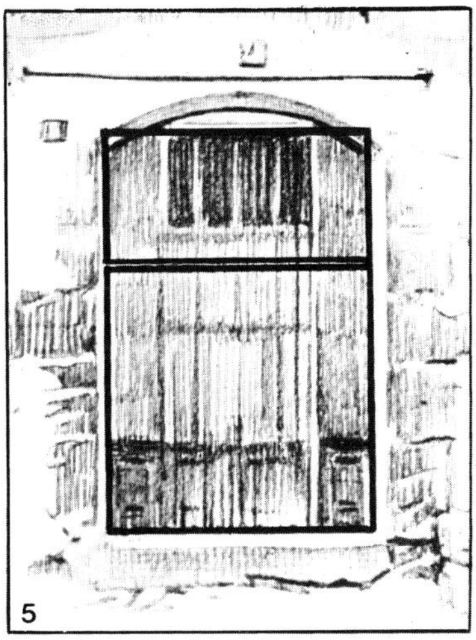

5

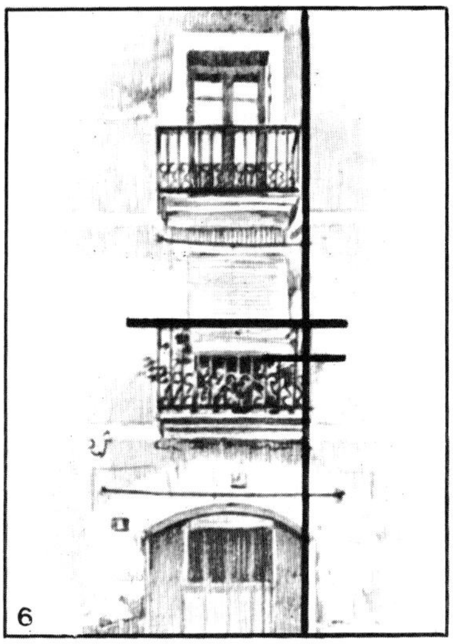

6

Sind die beiden Balkone gleich breit? Ja. Und sie sind etwas schmaler als die Tür. Also noch eine Senkrechte... Ich teile die Senkrechte in der Mitte und habe das zweite Balkongitter. Der untere Rand der Jalousie liegt etwas tiefer...

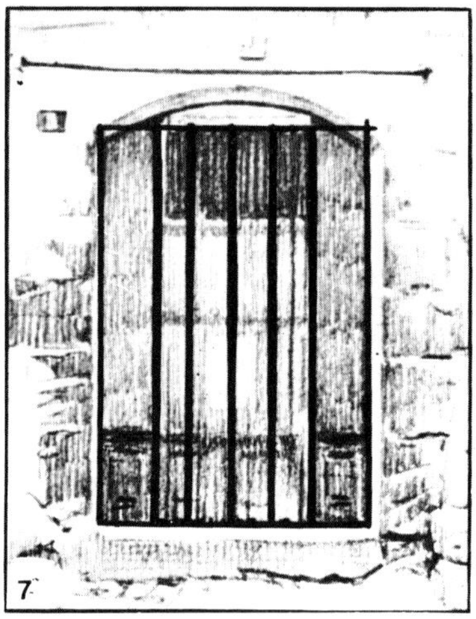

7

Nun die Eingangstür mit ihrem verglasten Mittelteil... Also zwei Seitenstreifen und – eins, zwei, drei, vier – gleiche Teile in der Mitte, die etwas schmaler sind. Damit hat alles seinen Platz. Alles ist richtig proportioniert.

Unser Künstler hat also zwei Berechnungen gleichzeitig angestellt. Eine der beiden entspricht nicht ganz genau den wirklichen Dimensionen. Ich glaube, hierbei ist klargeworden, wie man es im Prinzip anstellen muß, das Problem des weißen Blattes Papier zu lösen.

Das Verhalten des Künstlers hat uns folgendes gezeigt: Bevor er auch nur das Blatt Papier aus der Zeichenmappe nimmt, vergleicht er bereits die Dimensionen, sucht Anhaltspunkte, zieht imaginäre Linien und plaziert die Einzelteile. Gleichzeitig versucht er herauszufinden, was ihm anschließend bei der Umzeichnung dienlich sein könnte...

Aber lassen sich solche Anhaltspunkte bei allen Gegenständen finden? Gewiß. Wie im Fall dieser Hausfassade gibt es bei jedem Motiv Abstände, die sich entsprechen oder miteinander vergleichen lassen.

Man muß nur lernen, sie aufzufinden und nach Augenmaß zu berechnen. Dann stellt man fest: Diese Linie ist genauso lang wie jene, oder sie ist länger, doppelt so breit, dreimal so hoch etc...

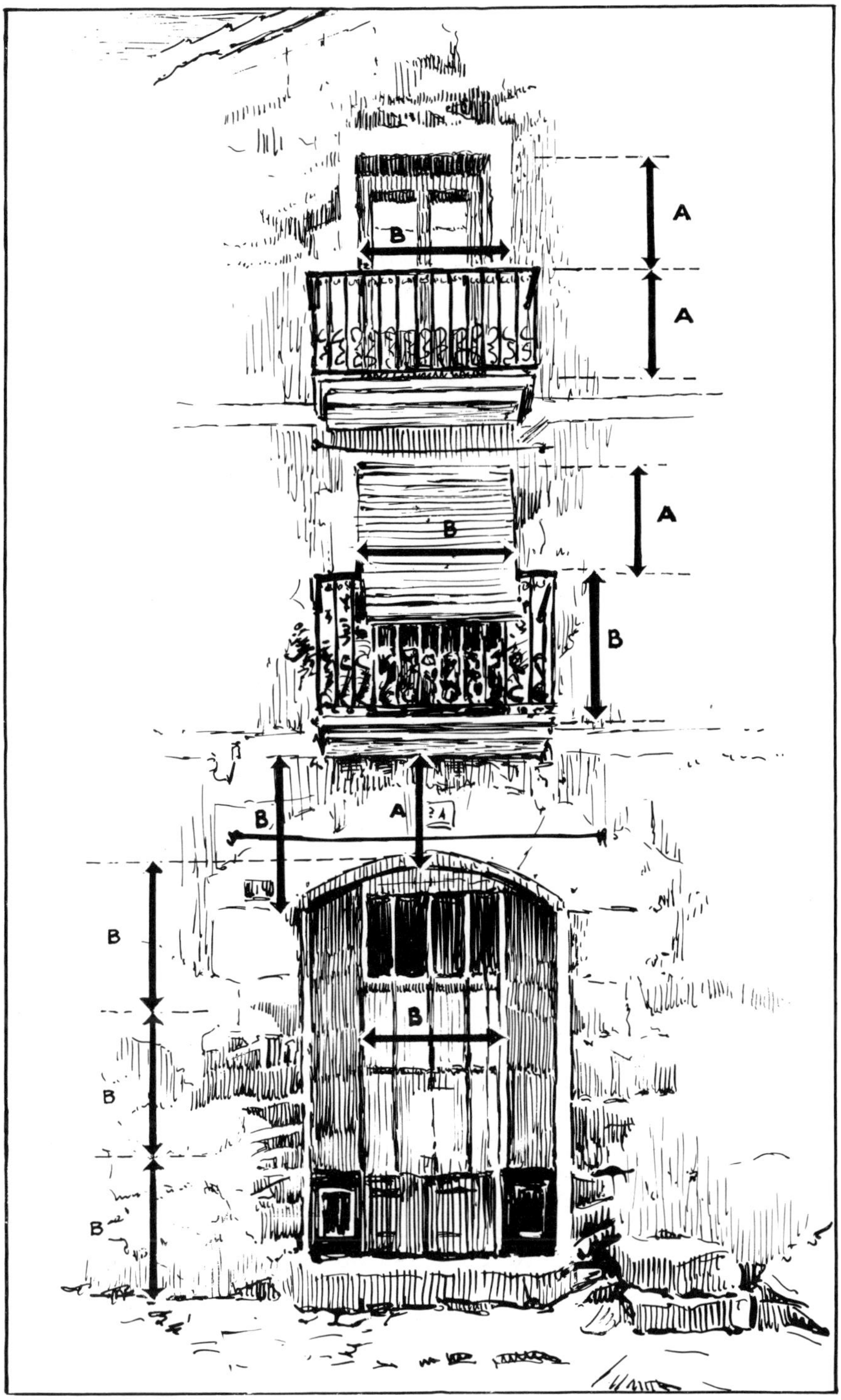

In diesem Motiv wie in allen anderen gibt es stets sich entsprechende oder vergleichbare Abstände. Wir erkennen hier zum Beispiel mehrere vergleichbare Maßeinheiten, die entweder in der Länge identisch sind oder der Hälfte, einem Drittel beziehungsweise einem Viertel entsprechen.

Um die Berechnung von Abständen nach Augenmaß zu erlernen, gibt es keine bessere Möglichkeit, als den Rat Leonardo da Vincis in die Praxis umzusetzen. Und das werden wir jetzt tun.

Praktische Übungen zum Training des Auges

Sie werden selbst feststellen, daß es unzählige Übungen gibt, um die Berechnung von Abständen nach dem Augenmaß zu erlernen. Man kann sie auf vielerlei Arten ausführen. Ich beschränke mich darauf, Ihnen nur ein paar aufzuzeigen; denn ich bin sicher, Sie besitzen genügend Phantasie, um sich weitere einfallen zu lassen. Führen Sie diese Übungen gewissenhaft durch. Sie sind ein wesentlicher Bestandteil Ihrer Ausbildung.

Falls irgend möglich, sollten Sie die Übungen auf einem großformatigen Blatt Papier machen; denn je länger Sie die Linien ziehen, desto größer werden die Schwierigkeiten und desto besser wird die Praxis, die Sie in der Berechnung von Entfernungen nach dem Augenmaß erhalten.

Die Qualität des Papiers und die Nummer des Stiftes spielen dabei absolut keine Rolle. Ich rate Ihnen jedoch, auf einer Tafel oder einem Brett zu arbeiten und mit ausgestrecktem Arm und einem etwas länger gefaßten Stift zu zeichnen.

1. Ziehen Sie eine waagerechte Linie von etwa zwanzig Zentimeter Länge, und teilen Sie sie mit einem Strich nach Augenmaß in der Mitte durch.

2. Ziehen Sie eine waagerechte Linie von etwa fünfzehn Zentimeter Länge und daneben (nicht darunter!) eine weitere Linie gleicher Länge.

3. Ziehen Sie eine waagerechte Linie (wieder von fünfzehn bis zwanzig Zentimeter Länge) und eine daneben kürzere Linie.

4. Zeichnen Sie eine waagerechte Linie und daneben zwei senkrechte Linien, die gemeinsam so lang sind wie die waagerechte.

5. Zeichnen Sie entsprechend der Reihenfolge der Vorlage ein Viereck.

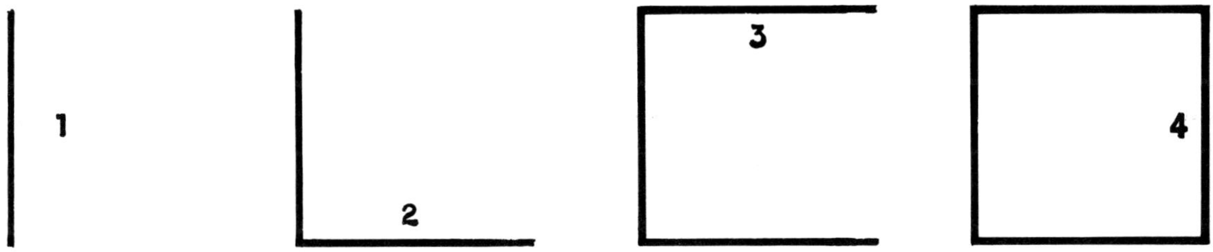

6. Zeichnen Sie ein weiteres Viereck, und gehen Sie dabei von dem Buchstaben "H" aus. Das Viereck wird also in der Mitte von einer waagerechten Linie geteilt.

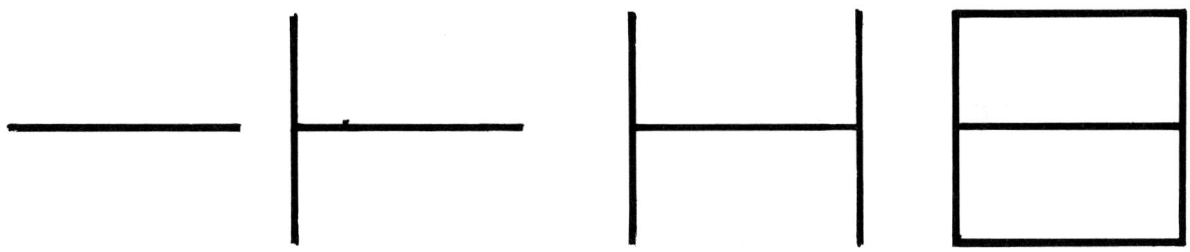

7. Jetzt wird es schon etwas schwieriger: Beginnen Sie mit einem senkrechten Strich. Zeichnen Sie ein Kreuz in Form eines "X" derart hinein, daß der Abstand AB der Seitenlänge eines Vierecks entspricht. Ziehen Sie nun die Seitenlinien, so daß ein Quadrat mit einem "X" in der Mitte entsteht.

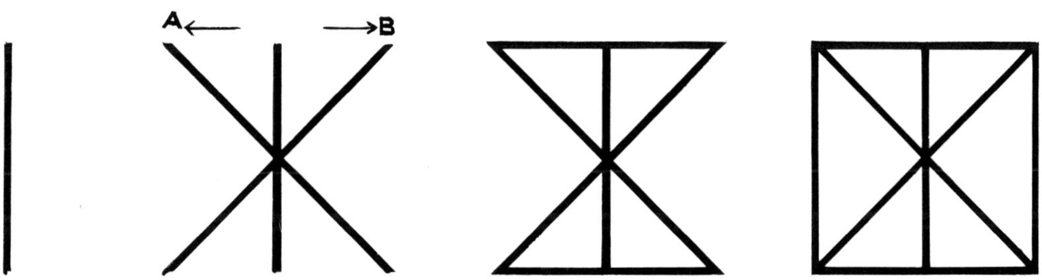

Führen Sie jede Übung durch, und prüfen Sie anschließend nach, inwieweit Sie sich bei Ihren Berechnungen getäuscht haben. Ideal wäre es natürlich, wenn es Ihnen anhand dieser Übungen gelänge, bald alle Berechnungen fehlerlos durchzuführen – oder zumindest beinahe.

Betrachten Sie die beiden Porträts von Churchill unten auf dieser Seite. In einem von ihnen sind bewußt die Abstände zwischen gewissen Partien des Gesichtes verändert worden. Ich habe zum Beispiel zwischen den Augen drei Millimeter mehr gelassen, die Nase ist drei oder vier Millimeter länger, der Abstand zwischen der Nase und der Oberlippe ist verkürzt...

Und so sieht das Ergebnis eines Irrtums um nur wenige Millimeter aus.

Begreifen Sie jetzt, wie entscheidend dieser "wichtigste Faktor beim Zeichnen und Malen" ist?

Das untere Porträt zeigt den Kopf mit den fehlerfrei berechneten Abständen. So sah Churchill wirklich aus. Hier braucht man nicht mehr zu sagen: "Ja, es ist ihm ähnlich... Aber ich weiß nicht, woran es liegt. Er ist es trotzdem nicht..."

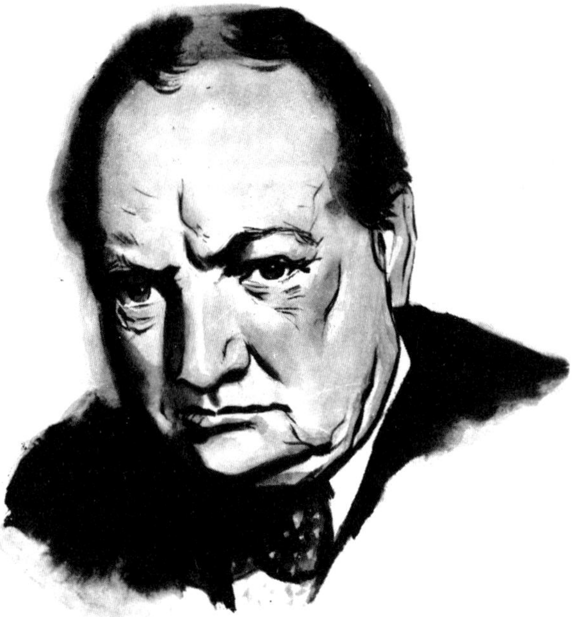

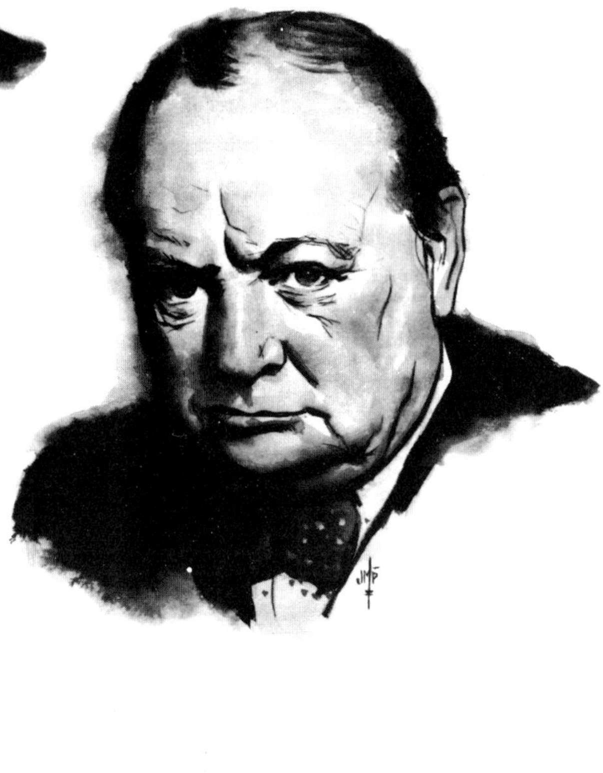

WIE MAN DIE ABSTÄNDE BESTIMMT UND DEREN RICHTIGKEIT ÜBERPRÜFT

Kommen wir noch einmal zu dem Künstler zurück.

Unser Mann hat den Stift schon in der Hand. Er zieht zwei oder drei Linien. Plötzlich hält er inne, nimmt seinen Gummi und radiert eine der Linien wieder aus...

Dann hebt er den Bleistift senkrecht in Augenhöhe, läßt den Daumen langsam bis nach oben gleiten und beginnt zu messen. Nachdem er das gewünschte Maß offensichtlich gefunden hat, dreht er – immer noch mit ausgestrecktem Arm – die Hand und hält den Stift waagerecht.

Die beiden Jungen, von denen schon die Rede war, verfolgen seine Bewegungen aufmerksam. Dann sagt plötzlich einer von ihnen: "Der ist ja verrückt!" und sie gehen davon.

Aber der Mann ist durchaus nicht verrückt! Während er Maß nimmt und prüft, ob er sich bei der gedanklichen Berechnung nicht getäuscht hat – während er Höhe und Breite der Tür also beinahe millimetergenau vergleicht –, hat er seine fünf Sinne durchaus beisammen.

Das ist eine Methode, die Sie üben müssen, bis Sie sie vollkommen beherrschen. Versuchen Sie es einmal: Vergleichen Sie die Maße zweier Gegenstände oder Formen, die Sie gerade vor Augen haben... (Auch wenn auf der Abbildung und in den folgenden Texten immer ein

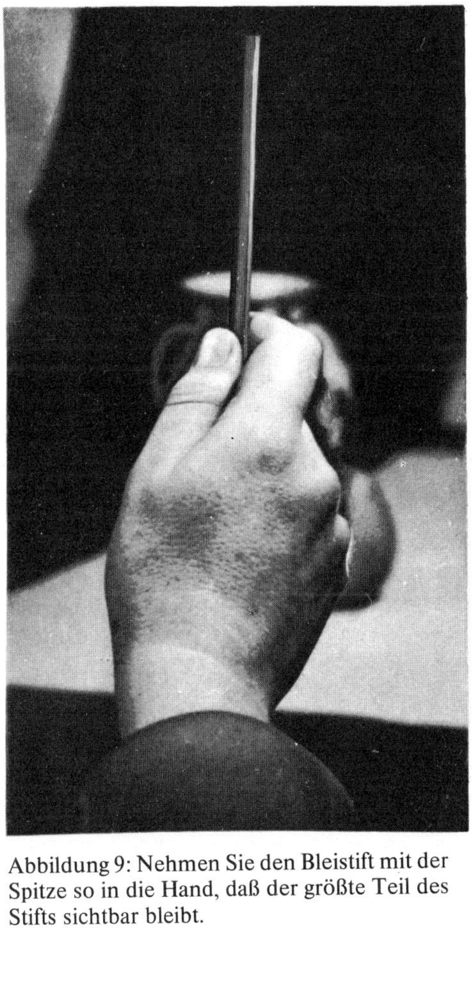

Abbildung 9: Nehmen Sie den Bleistift mit der Spitze so in die Hand, daß der größte Teil des Stifts sichtbar bleibt.

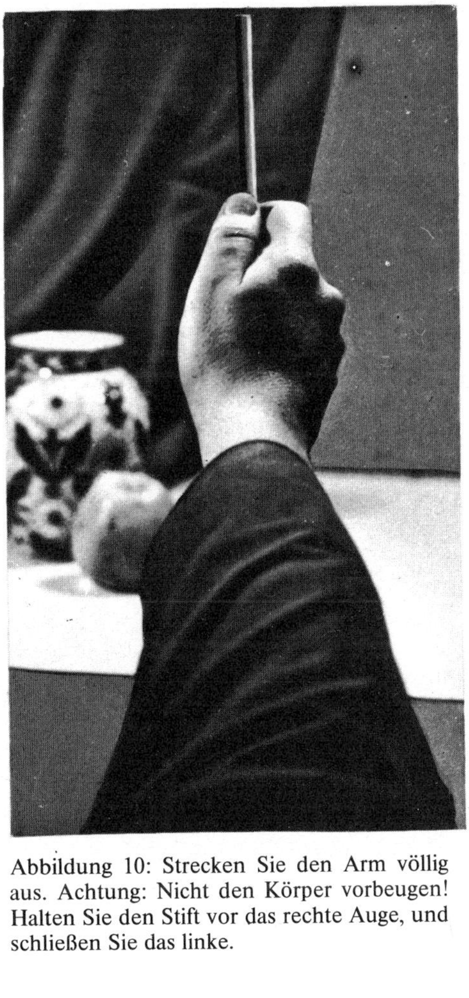

Abbildung 10: Strecken Sie den Arm völlig aus. Achtung: Nicht den Körper vorbeugen! Halten Sie den Stift vor das rechte Auge, und schließen Sie das linke.

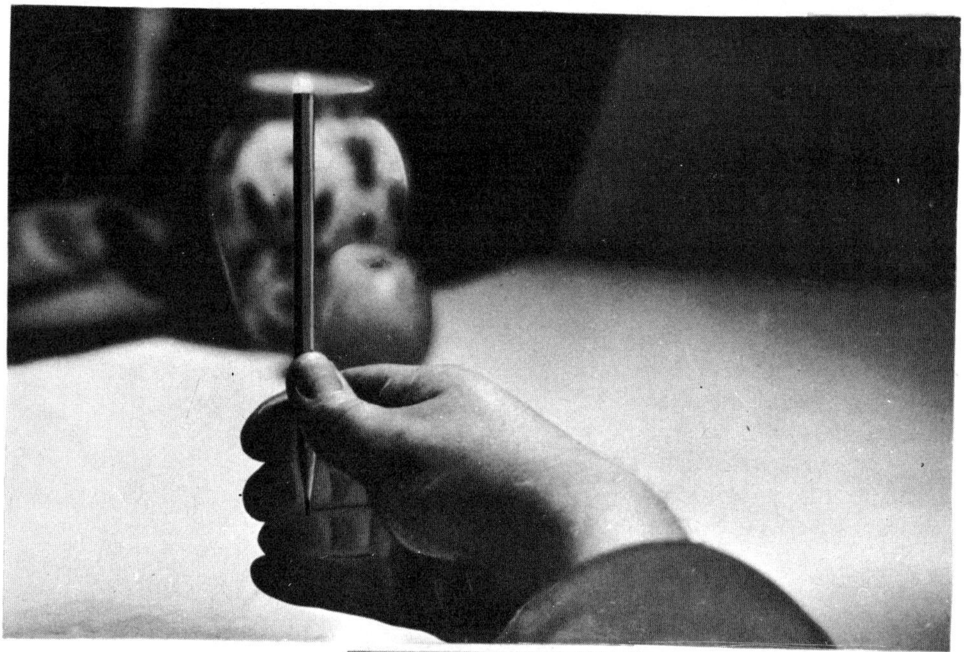

Abbildung 11 und 12: Halten Sie den Stift nun vor eine bestimmte Stelle Ihres Modells und messen Sie die Höhe nach. Gleiten Sie dabei mit dem Daumen nach oben oder unten, bis der Stab aus Ihrem Blickwinkel dieselbe Höhe aufweist wie das Modell.

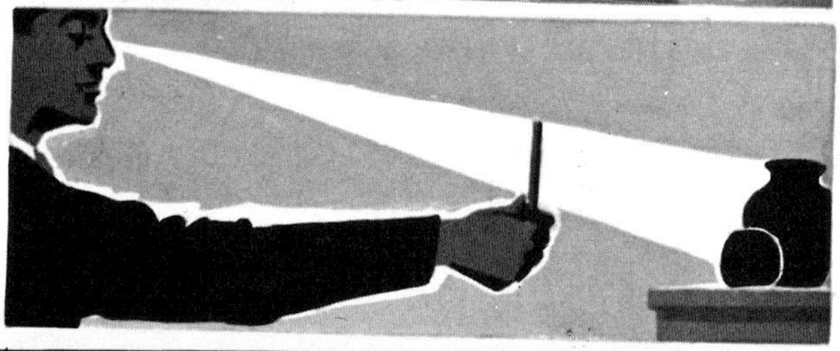

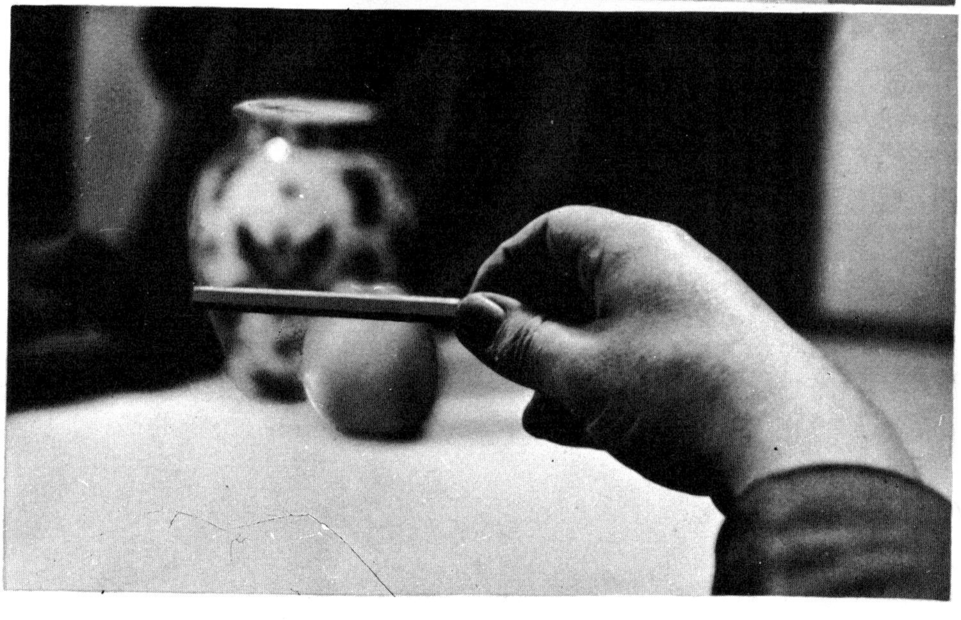

Abbildung 13: Verrücken Sie den Daumen nicht, und suchen Sie jetzt eine andere Stelle gleicher Länge auf dem Modell. Aber Achtung: Ziehen Sie den Arm nicht an, und beugen Sie den Körper nicht vor, sonst wird die Berechnung ungenau.

Bleistift als Meßinstrument verwendet wird, kann der Künstler natürlich benutzen, was er gerade zur Hand hat: ein Lineal, einen Pinsel o.ä.)

Unser Maler zieht bereits mit größter Sicherheit die ersten Linien.

Von Zeit zu Zeit hebt er den Stift wieder an und nimmt prüfend Maß. Er teilt sein Motiv auf und wählt Anhaltspunkte aus...

Er mißt und proportioniert gleichzeitig.

WAS BEDEUTET PROPORTIONIEREN, UND WIE ERREICHT MAN ES

Proportionieren heißt, die Maße eines Modells unter Beibehaltung der Verhältnisse zwischen den einzelnen Elementen und dem Ganzen zu vergrößern oder zu verkleinern.

Anders ausgedrückt: Proportionieren bedeutet im allgemeinen, etwas kleiner zu zeichnen, als man es sieht, und dabei das Verhältnis der Maße zueinander innerhalb des Modells beizubehalten. Nimmt man zum Beispiel eine Vase und einen Apfel als Modell und ist die Vase in der Natur doppelt so hoch wie der Apfel, muß dieses Verhältnis der Maße in der Zeichnung beibehalten werden, wenn diese richtig proportioniert sein soll.

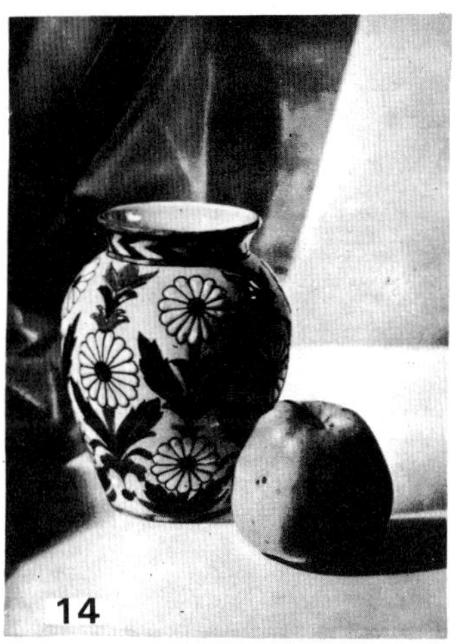

14

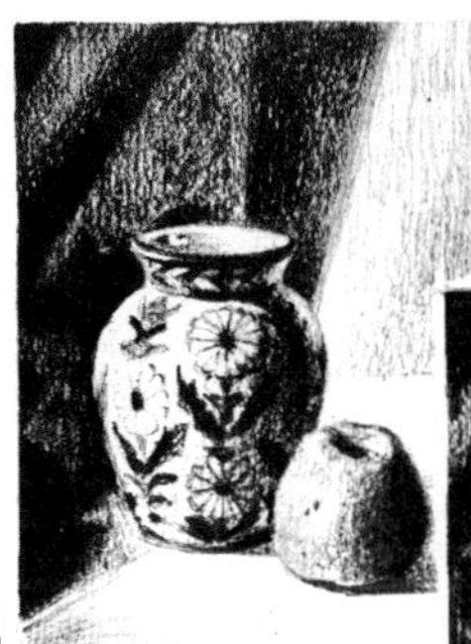

15

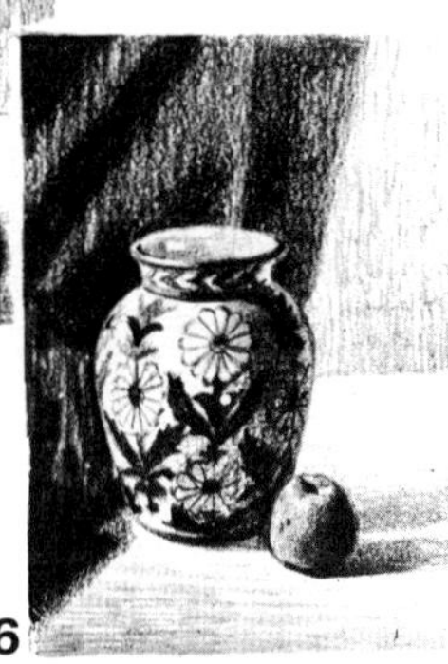

16

Das eben erwähnte Modell sehen Sie oben abgebildet (Abb. 14). Daneben befindet sich eine Zeichnung, die proportional verkleinert ist (Abb. 15). Bei der rechten Arbeit ist eindeutig ein Mißverhältnis zwischen den Proportionen zu erkennen (Abb. 16).

Von einem Menschen mit einem sehr großen Kopf sagt man, er habe einen unproportionierten Kopf (im Verhältnis zu den übrigen Maßen seines Körpers und einem normal großen Kopf). Betrachten Sie einmal die klassischen Statuen der alten griechischen Bildhauer. Dann werden Sie feststellen, daß die Maße des Körpers, des Rumpfes, der Arme, der Beine, der Hände etc. den Idealmaßen, das heißt den idealen Proportionen entsprechen.

Bis hier ist das alles noch ganz einfach. Zu einem Problem wird das Ganze erst – und unser Künstler ist eben dabei, es zu lösen –, wenn Sie Ihr Modell unter Beibehaltung der Proportionen entsprechend der Größe Ihres Blatt Papiers verkleinern wollen.

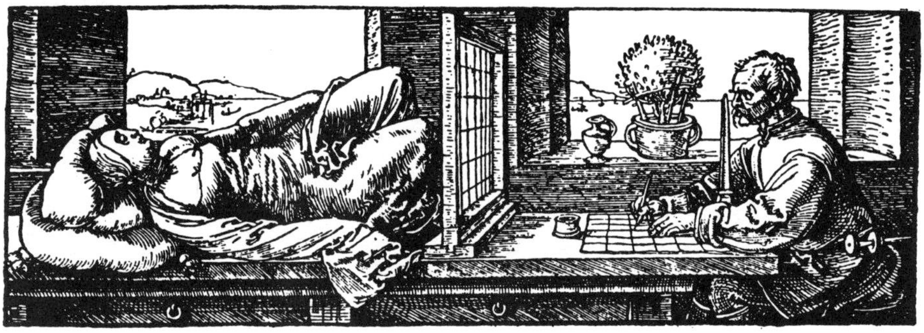

Abbildung 17: Albrecht Dürer, ein Künstler des 16. Jahrhunderts, beim Zeichnen mit Hilfe einer in Quadrate eingeteilten Glasscheibe.

Der Zeichner, Grafiker und Maler des 16. Jahrhunderts Albrecht Dürer erfand mehrere Vorrichtungen, um die Umsetzung der Proportionen seines Modells auf seine Papiergröße zu ermöglichen. Eines seiner Hilfsmittel bestand aus einer in Quadrate eingeteilten Glasplatte, die er in einen Rahmen spannte und zwischen sich und das Modell stellte. Er übertrug das Karomuster auf sein Papier, richtete seinen Blickwinkel auf einen bestimmten Punkt aus und "kopierte" sein Modell so, wie er es durch die Scheibe sah.

Ich hatte von kurzem Gelegenheit, eine geniale Vorrichtung zur Berechnung der richtigen Proportionen beim Zeichnen nach der Natur kennenzulernen. Sie erinnerte mich an die Glasscheibe von Albrecht Dürer und bestand aus einem doppelten Papprahmen, in dem sich vier Fäden kreuzten und ein einfaches Karomuster bildeten. Der Künstler übertrug dieses Muster auf die Leinwand, die er bemalen wollte. Dann bestimmte er mit demselben Rahmen den Ausschnitt seines Motivs und setzte das Bild so um, wie er es durch die Quadrate sah.

Ich will hier nicht weiter auf die Einzelheiten eingehen. Es scheint mir nicht sehr sinnvoll, dieses Verfahren schon zu einem Zeitpunkt anzuwenden, wo wir eben erst beginnen, das richtige Maßnehmen und Proportionieren zu erlernen. Wenn ich es einmal mit dem Reiten vergleichen darf: Ich halte es für vernünftiger, "auf dem nackten Rücken des Pferdes reiten zu lernen, bevor man eine Decke über das Tier wirft oder gar einen Sattel auflegt, um es bequemer zu haben".

Kehren wir also "nackt", das heißt nur mit unseren Augen als Hilfsmittel, zur Fassade des alten Hauses zurück.

Angesichts eines derartigen Motivs stellt sich der Künstler zunächst die Frage: "Welchen Ausschnitt dieser Fassade will ich zeichnen? Von wo bis wo soll er reichen?"

Haben Sie Ihre Wahl getroffen, wählen Sie zwei Anhaltspunkte in Ihrem Modell zur Begrenzung der Höhe und zwei weitere für die Breite. Es finden sich immer ein kleiner Vorsprung, ein Stein oder eine Einkerbung, die als Anhaltspunkt dienen können (Abbildung 18, Punkte A und B).

Abbildung 18: Der Blick umfaßt das ganze Bild. Für unsere Zeichnung wählen wir jedoch nur den Ausschnitt zwischen den Punkten A und B. Dann teilen wir die gewählte Höhe in gleiche Teile und beginnen auf diese Weise, die Abstände zu berechnen und zu proportionieren.

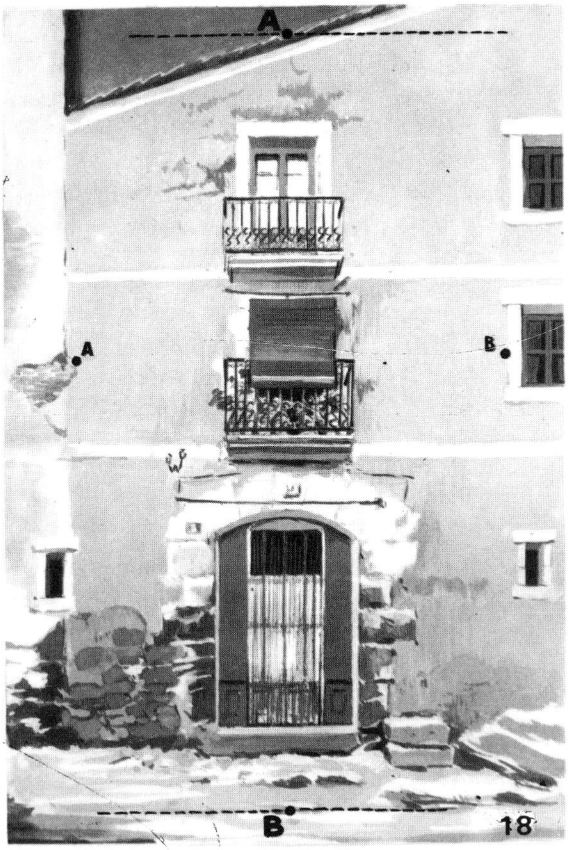

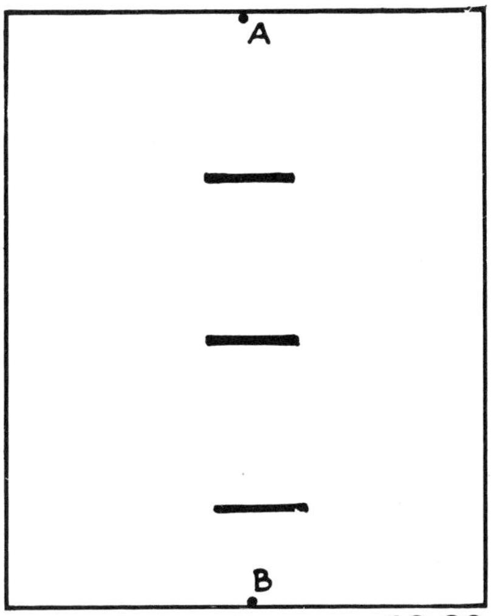

19-20

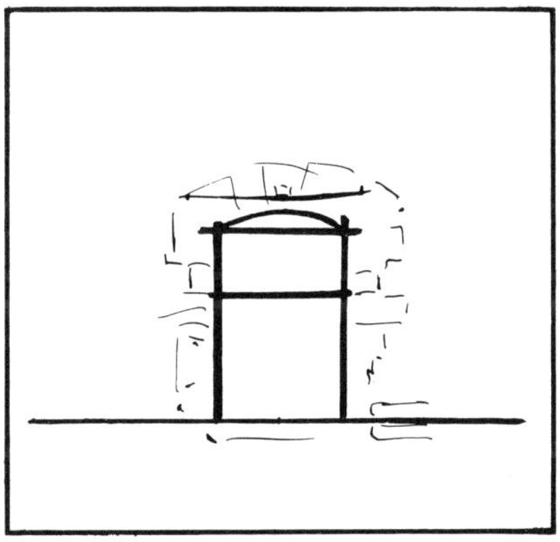

Abbildung 20: Die Berechnung der Abstände und der Proportionen wird fortgesetzt mit dem Ausmessen der Höhe der Tür. Dadurch läßt sich anschließend die Breite ermitteln.

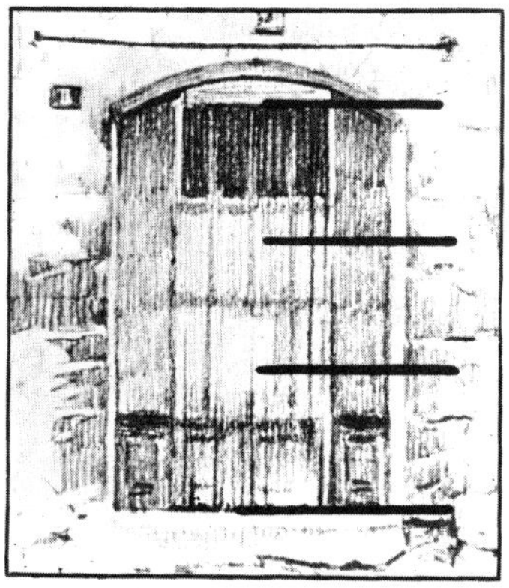

21

Haben Sie Ihre Punkte gefunden? Gut. Jetzt gehen wir daran, unser Modell mit dem Stift – nicht vergessen: mit ausgestrecktem Arm und unbeweglichem Körper – auszumessen und es in gleiche Abschnitte einzuteilen. Das bereitet keinerlei Schwierigkeiten und ist nicht kompliziert. In allen Modellen finden Sie Anhaltspunkte, die Ihnen diese Aufteilung ermöglichen. In unserem Fall wählen wir die Höhe der Tür. Übertragen wir diese Höhe so oft nach oben, wie nötig, erkennen wir, daß die Gesamthöhe des Motivs, das wir zeichnen möchten, beinahe genau der dreifachen Höhe der Tür entspricht und am unteren Rand ein Streifen bleibt, der etwas weniger als die halbe Höhe der Tür ausmacht (Abbildung 20).

Dies ist die erste Berechnung der Proportionen, die wir auf das Papier übertragen. Um die ermittelten Maße festzuhalten, können Sie entweder den Bleistift selbst benutzen – den Daumen nicht bewegen! –, oder Sie verwenden einen Papierstreifen und übertragen die Angaben darauf. Haben Sie die Berechnung der Abmessungen nach dem Augenmaß, wie im vorigen Kapitel beschrieben, wirklich ausgiebig geübt, bereitet es Ihnen bald keinerlei Schwierigkeiten, eine vorgegebene Fläche in drei oder vier Abschnitte aufzuteilen.

Während wir unablässig weiterrechnen und die Proportionen auf das Papier übertragen, prüfen wir noch einmal – wieder mit dem Stift als Meßinstrument –, ob die Breite der Tür wirklich zwei Dritteln ihrer Höhe entspricht. Dazu teilen wir die Höhe der Tür nach Augenmaß in drei Teile und verwenden zwei Teile davon als deren Breite. Und schon stehen die Proportionen der Tür in unserer Zeichnung fest (siehe Abbildung 21 auf der vorigen Seite).

Ich glaube, das reicht zu diesem Thema. Wir können uns jetzt dem Umzeichnen zuwenden. Eine minimale Grundlage besitzen wir ja bereits. Diese läßt sich übrigens in sehr kurzer Zeit aneignen. Auf sie stützen wir uns nun und beginnen mit dem Aufbau der Zeichnung.

DAS EINSCHLIESSEN DES MOTIVS IN EINEN RAHMEN ODER EINEN WÜRFEL

Alles läßt sich in viereckige oder rechteckige Formen fassen, die wir

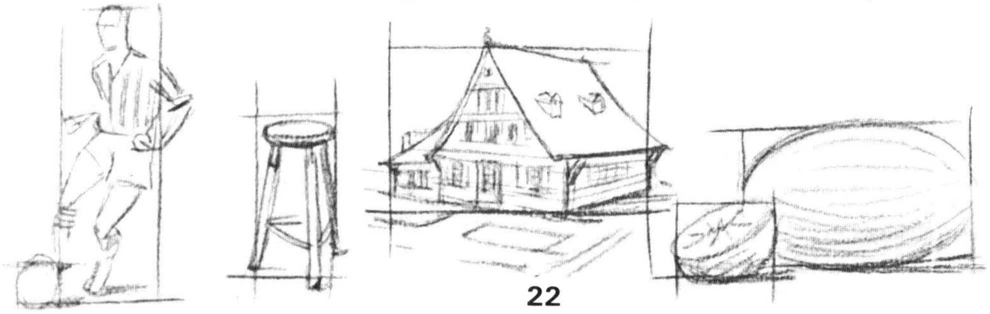

22

hier als "Rahmen" bezeichnen. Alles läßt sich "einrahmen": ein Mensch, ein Hocker, ein Haus, eine Lampe, eine Apfelsine, eine Melone etc. (Abbildung 22).

Und jeder Gegenstand, jede Form oder jede Gestalt kann wiederum in sich "eingerahmt" werden; das heißt, man kann die einzelnen Bestandteile noch mal in kleinere Rahmen fassen.

Dieses Umzeichnen bedeutet jedoch nicht, einen großen Rahmen zu schaffen, in den das gesamte Modell hineinpaßt. Im Gegenteil: der Künstler muß genügend Einfühlungsvermögen besitzen, um nur die wesentlichen Linien oder Formen zu erfassen.

Sie werden feststellen, daß die Berechnung der Maße entschieden einfacher wird, sobald Ihr Motiv außen von einem Rahmen umgeben ist. In der Praxis haben wir dies bereits getan, als wir die Abmessungen nach dem Augenmaß bestimmten und anschließend mit einem Stift überprüften.

Beobachten wir einmal, wie sich der Balkon mit seiner Jalousie an der alten Hausfassade umzeichnen läßt.

Aufgrund der Berechnungen, die wir bereits angestellt haben, lassen sich die Lage und die Maße des Rahmens, der den Balkon umzeichnet, genau bestimmen.

Anschließend suchen wir nach einer waagerechten Linie, die nach Möglichkeit genau in der Mitte des Rahmens verlaufen soll. Sie ergibt sich durch den unteren Rand der Jalousie.

Wir erkennen, daß der Abstand vom unteren Rand der Jalousie zum oberen Rand des Balkongitters genau dem Abstand von Punkt A zu Punkt B, dem unteren Teil des Balkons, entspricht.

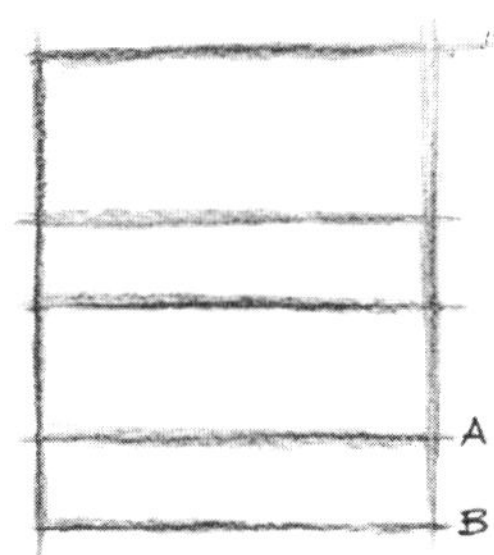

Übertragen wir diesen Abstand auf die linke Seite des Rahmens, erhalten wir den linken Rand der Jalousie. Auf dieselbe Weise ermitteln wir auch die rechte Begrenzung.

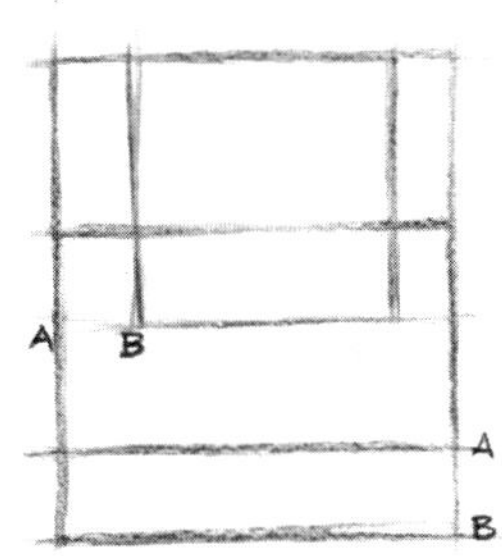

Mit demselben Maß bestimmen wir jetzt die Höhe der schmiedeeisernen Verzierung und zeichnen exakt den Platz für das Eisengestänge oberhalb der Jalousie ein.

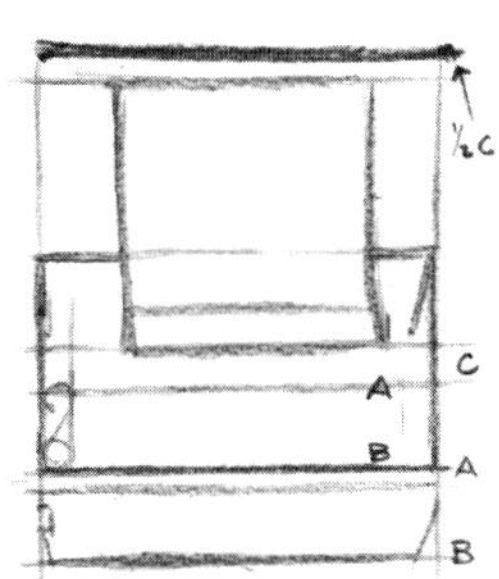

Aus wieviel Stangen besteht das Geländer? Eins, zwei, drei... Alles in allem sind es zwölf. Hat jemand Schwierigkeiten, eine vorgegebene Fläche in zwölf gleiche Abschnitte einzuteilen? Nichts einfacher als das! Man teilt die Fläche zunächst in zwei Hälften, dann jede Hälfte durch drei und diese neuen Abschnitte noch einmal durch zwei.

Nun fehlen nur noch die Verzierungen am Gitter, die Blumentöpfe, die Blumen etc. Dann können wir mit dem Schattieren beginnen.

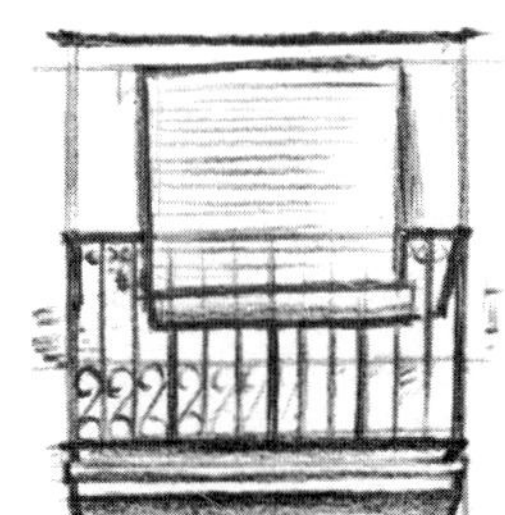

Der schwierige Teil dieser Aufgabe

Wenn ein Modell kompliziert ist. Wenn sich die Maße "entziehen". Wenn jeder Millimeter zählt. Wenn der Rahmen einfach nicht "einrahmt"...

Bisher haben wir das Problem des Sehtrainings anhand eines relativ einfachen Modells abgehandelt; die hervorstechenden Teile der alten Fassade – die Eingangstür und die beiden Balkone – sind nicht allzu markant. Man könnte sagen, Licht und Schatten spielen hier praktisch keine Rolle. Die einzelnen Elemente stellen sich beinahe in geometrischen Formen dar; sie werden im allgemeinen als gerade Linien gezeichnet. Das ist sehr einfach und ganz leicht, müssen Sie zugeben.

Das sollte auch so sein; denn nur wenn Sie beim ersten Zeichnen nach der Natur unkomplizierte Motive wählen, begreifen Sie wirklich, worum es geht, und Sie bekommen auf diese Weise die notwendige Sicherheit. Es empfiehlt sich, auch bei den folgenden Versuchen noch bei Motiven dieser Art zu bleiben. Aus künstlerischer Sicht sind sie übrigens gar nicht so uninteressant! Anschließend gehen Sie mit Ihrem Studium schrittweise weiter und greifen kompliziertere Themen auf, in denen die Tiefe eine Rolle spielt oder bei denen die Maße, obwohl sie sich nicht richtig erfassen lassen, trotzdem absolut genau sein müssen. Ferner werden Sie auf Motive stoßen, deren Vielfalt, Größe oder Bedeutung jeder einzelnen Form ein einfaches Umzeichnen schlicht unmöglich macht.

Das Porträt ist das beste Beispiel für ein derartiges Problem. Bei einer Hausfassade, der Zeichnung eines Baumes, eines Berges oder eines Krugs können Sie sich zur Not Meßfehler leisten: Vermutlich bleiben sie unentdeckt. Was bedeutet dort schon ein Millimeter mehr oder weniger? Was kann das bei der Breite einer Tür ausmachen? Zwei oder drei Millimeter mehr oder weniger bei der Länge einer Nase zählen jedoch gewaltig! Sie beeinflussen die Physiognomie und damit die Ähnlichkeit einer Person erheblich. Doch wie soll man andererseits so kleine und doch so bedeutende Formen wie die eines Auges oder der Lippen einzeln einrahmen?

Wie soll man die Falten eines Anlitzes, die hervorspringenden oder eingefallenen Partien der Wangen und der Backenknochen, die vom Spiel von Licht und Schatten gekennzeichnet sind, einrahmen?

Das wird der kniffeligste Teil unseres Programms. Bereitet Ihnen das keine Schwierigkeiten mehr, dürfen Sie zu Recht von sich behaupten, daß Sie beim Ausmessen und Berechnen von Abständen und Proportionen nach dem Augenmaß die Fähigkeiten eines Profis erworben haben.

DAS MODELL STEHT VOR IHNEN

Nehmen Sie einmal an, der berühmte Physiker, große Mathematiker, der Entdecker der Relativitätstheorie und Vater des Atomzeitalters Albert Einstein stünde Ihnen persönlich Modell. Damit die Illusion perfekt wird und Sie die Arbeit Schritt für Schritt verfolgen können, nehmen Sie bitte das Foto von Einstein aus dem Buch heraus, stützen Sie es ab, und stellen Sie es vor sich auf. Studieren Sie nun zunächst das Verfahren, das ich angewandt habe, und versuchen Sie anschließend, es in die Praxis umzusetzen. Selbst wenn Sie mit Ihrem Ergebnis nicht zufrieden sind, war es doch eine Übung. Sie werden sich an die einzelnen Schritte erinnern und Ihre Erfahrungen später bei einfacheren Themen einsetzen können. Und genau darum geht es.

WIDMEN SIE ZEHN MINUTEN DER REINEN BETRACHTUNG

Papier, Bleistift und Radiergummi liegen bereit. Doch Sie wissen bereits, daß Sie Ihr Modell vor Beginn des Zeichnens erst einmal aufmerksam betrachten müssen und damit quasi einen Assimilierungsprozeß einleiten, bei dem Sie auch die Details erfassen und auf diese Weise eine größtmögliche Ähnlichkeit erreichen.

Lassen Sie mich einmal laut nachdenken, während ich das Modell betrachte:

“Wenn ich das Bild kreuzförmig aufteile, liegen der Kopf in der oberen linken Ecke und die Hände beinahe vollständig im rechten unteren Viereck. Das bringt mich auf den Gedanken, von diesen beiden wesentlichen Elementen auszugehen. Ich sehe den ungefähren Abstand zwischen der rechten Seite des Kopfes und dem Rand des Bildes (der in Abbildung 24 durch die Punkte A und B gekennzeichnet ist). Ich kann also schon einmal die folgende Feststellung treffen: Der Abstand AB entspricht beinahe der ganzen Breite des Kopfes... Vielleicht ist der Kopf noch ein bißchen breiter...”

“Man kann wohl behaupten, daß der Kopf mehr oder weniger in einen

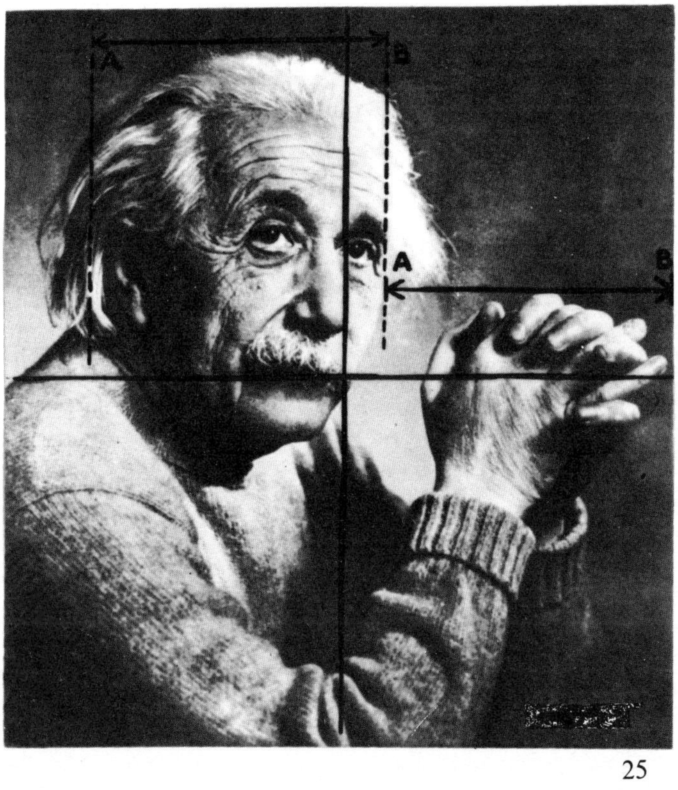

Abbildung 24: Die erste Aufgabe einer jeden gedanklichen Berechnung besteht in einer sinnvollen Aufteilung des Bildes und im Auffinden von Anhaltspunkten, auf die sich die ersten Berechnungen stützen lassen. Das erleichtert das Umzeichnen des Modells erheblich und ermöglicht es uns, die Zeichnung bis in die kleinsten Details aufzubauen.

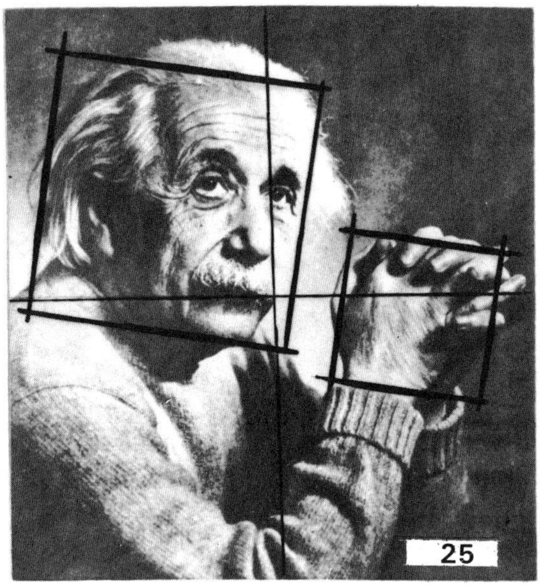

25

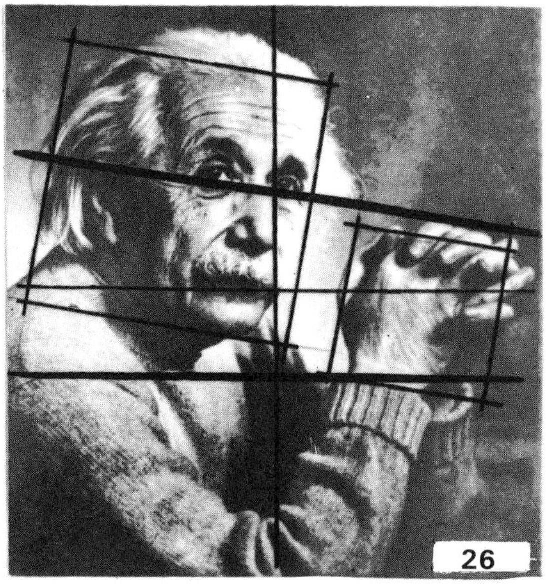

26

viereckigen Rahmen hineinpaßt. Dasselbe gilt für die Hände (Abbildung 25).

Kopf und Hände sind etwas nach rechts geneigt (Abbildung 25). Zeichne ich eine leicht abfallende Linie über die Augen und verlängere sie nach beiden Seiten bis zum Rand des Bildes, erhalte ich links die Stelle für das Ohr und rechts die obere Begrenzung der Finger. Eine weitere, diesmal waagerechte Linie durch die Schulternaht des Pullovers ergibt rechts den unteren Rand für das Bündchen (Abbildung 26)."

Verlassen wir jetzt das Thema der gedanklichen Berechnung der Maße und beschäftigen wir uns mit einem nicht minder wichtigen Problem:

Die Suche nach vereinfachenden Formen und der Vergleich der Maße dieser Formen untereinander.

Ich will das näher erklären:

Jedes Modell, so kompliziert seine Formen auch sind, läßt sich wie ein Puzzle einteilen. Dazu braucht man die einzelnen Teile, aus denen es zusammengesetzt ist, nur aufzufinden und voneinander zu trennen. Wie Sie auf Abbildung 27 erkennen, geht man am besten von den Grundelementen und den Licht- und Schattenzonen aus. In ihnen sind häufig einfache, oft geometrische Formen zu erkennen.

Sind Sie in der Lage, diese Formen als isolierte Teile zu analysieren, können Sie unschwer die Maße und Proportionen bestimmen. Ein Vergleich ihrer Form (wie sie in Ihrer Zeichnung auftaucht) mit der tatsächlichen Form des Modells (wie man sie an ihm erkennt) verschafft Ihnen die Möglichkeit, die Ähnlichkeit festzustellen und gegebenenfalls zu korrigieren und in Übereinstimmung zu bringen.

Betrachten wir das an einem Beispiel etwas näher. Richten Sie bitte Ihre Aufmerksamkeit auf jenen Teil des Porträts, in dem sich das linke

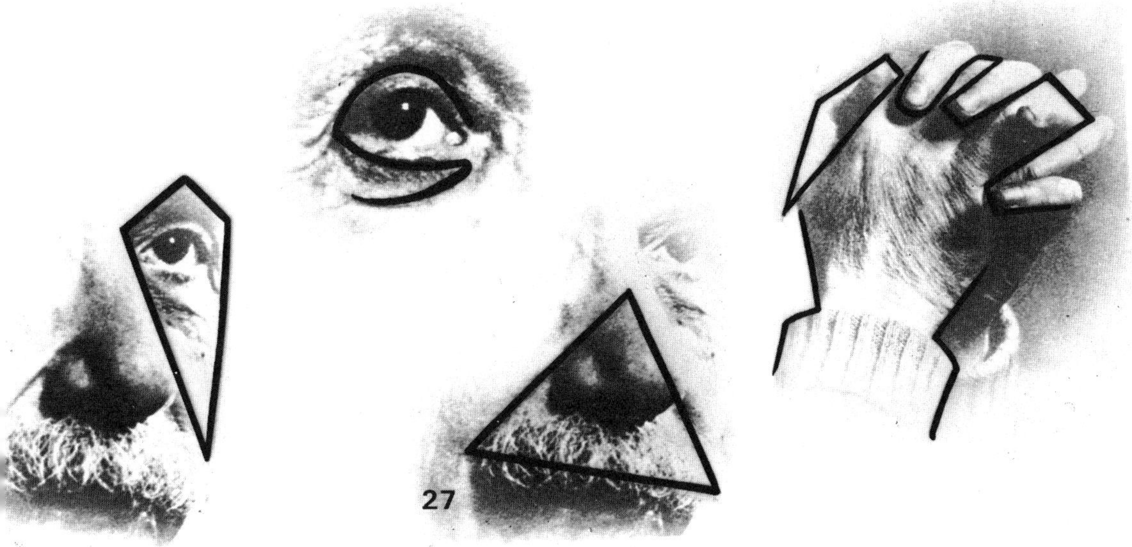

27

Auge befindet – für uns die linke Seite. (Es handelt sich also um Einsteins rechtes Auge.) Erkennen Sie, wenn Sie Auge und Augenbraue als Einheit betrachten, dort einen Halbkreis?

Wunderbar. Gehen wir jetzt davon aus, daß Sie diesen Teil von Einsteins Porträt bereits gezeichnet haben. Und nun geben Sie acht:

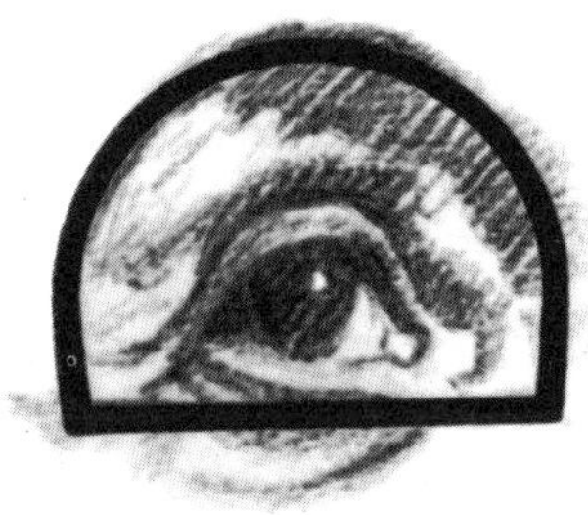

Sieht Ihr Halbkreis so aus...

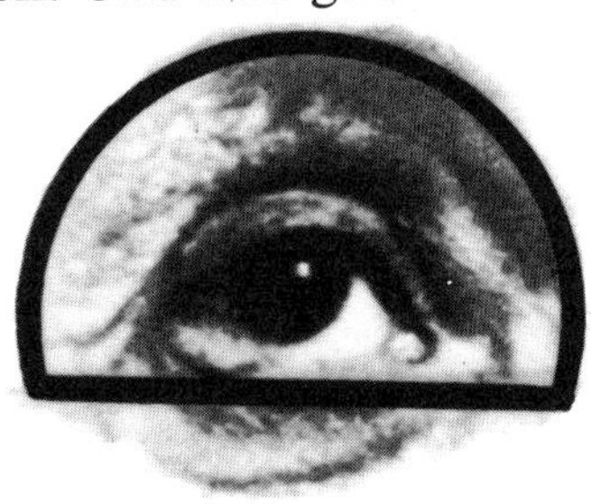

und der des Modells so...

merken Sie selbst, daß keine richtige Ähnlichkeit vorhanden ist. Die Zeichnung ist nicht ganz korrekt, und Sie müssen Sie solange korrigieren, bis Ihr Halbkreis genau dem des Modells entspricht.

Der Vorteil dieses Verfahrens liegt auf der Hand. Er läßt sich folgendermaßen zusammenfassen:

Die Maße eines Modells sind wesentlich leichter zu ermitteln und miteinander zu vergleichen, wenn man von einfachen und nicht so komplizierten Formen ausgeht.

Das also zu diesem Thema. Wieweit sind wir mit Einsteins Porträt gekommen? Ach ja! Wir haben die Betrachtungsphase abgeschlossen und können jetzt mit dem Zeichnen der ersten Linien beginnen.

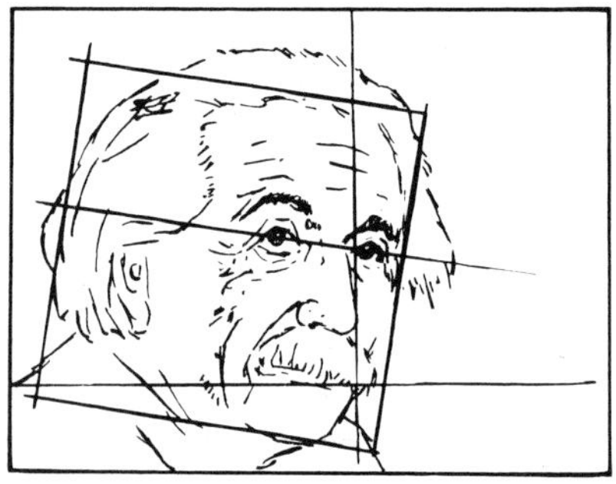
28

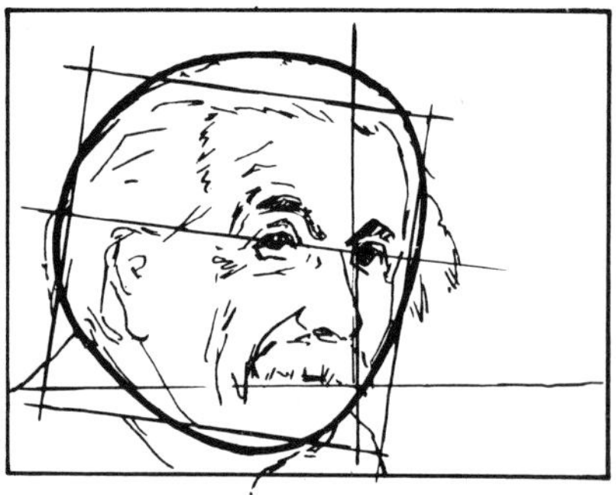
29

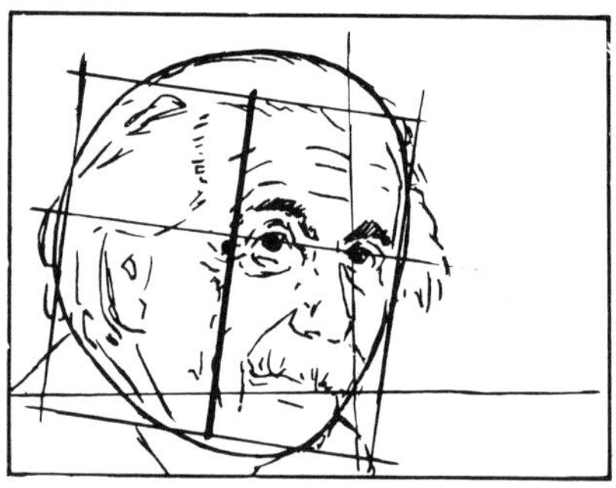
30

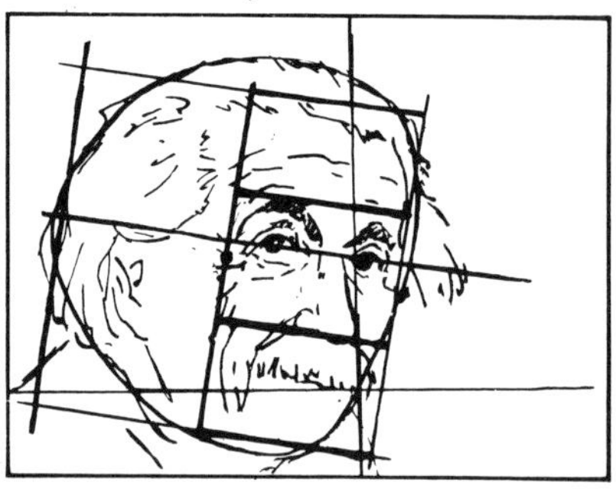
31

Aufgrund der Einteilung der Zeichenfläche in vier Teile und der zuvor angestellten gedanklichen Berechnungen kann ich die Lage und die Größe des Vierecks, das den Kopf enthalten soll, ziemlich genau ermitteln.

Ich ziehe die Querlinie A, die sich in Höhe der Augen befindet, und die dazugehörige Senkrechte B, die das Viereck auf der rechten Seite begrenzt und die Neigung des Kopfes angibt. Anschließend kann ich nach Augenmaß den Rahmen für den Kopf bestimmen und zeichnen (Abbildung 28).

Nun bediene ich mich des Bleistiftes als Meßinstrument und vergleiche die Gesamthöhe des Kopfes mit seiner Breite. Dabei stelle ich fest, daß die Höhe etwas größer ist. Ich sehe, daß der obere Teil des Haars über den Rahmen hinausragt. Das gibt mir die Möglichkeit, eine ungefähre Kreislinie zu zeichnen, die sich völlig den Konturen des Kopfes meines Modells anpaßt (Abbildung 29).

Anschließend suche ich nach einem Anhaltspunkt im Innern des Kopfes. Da ist er schon. Er springt einem direkt in die Augen: Es ist jene Stelle, an der die Braue des linken Auges (also Einsteins rechte Augenbraue) endet. Hier befindet sich beinahe der theoretische Mittelpunkt der Kreislinie, die um den Kopf herumläuft. Ich prüfe die Stelle mit Hilfe des Stiftes nach und bestimme die Position dieses wesentlichen Punktes noch genauer. Dann zeichne ich einen weiteren Rahmen in den ersten, der die wichtigsten Bestandteile des Gesichtes umzeichnet, also die Augen, die Nase und den Mund (Abbildung 30).

Um die ungefähre Stelle für diese Elemente zu bestimmen, messe ich die Höhe der Stirn nach und übertrage sie ebenfalls auf die untere Gesichtshälfte.

Das Gesicht ist nun in drei Abschnitte aufgeteilt.

Diese Abschnitte sind vielleicht nicht ganz exakt. Aber das Wichtigste ist erreicht: Ich habe die Höhe der Stirn nach Augenmaß festgelegt (Abbildung 31).

Mit Hilfe dieser Linie und dem zuvor ermittelten Anhaltspunkt A zeichne ich jetzt die Augenbrauen. Anschließend kommen die Augen an die Reihe. Das ist nicht schwierig... Das rechte Auge wird von der Braue selbst eingerahmt. Zwischen dem rechten und dem linken Auge muß zwangsläufig ein Platz von der Breite eines weiteren Auges bestehen (anatomische Regel). Die Breite beider Augen ist in etwa gleich...

Als nächsten Schritt stelle ich fest, daß die Länge der Nase der Breite der beiden Augen entspricht. Nach dem Augenmaß zeichne ich den Umriß der Nase und füge den Bart, die Mundwinkel etc. hinzu (Abbildung 32).

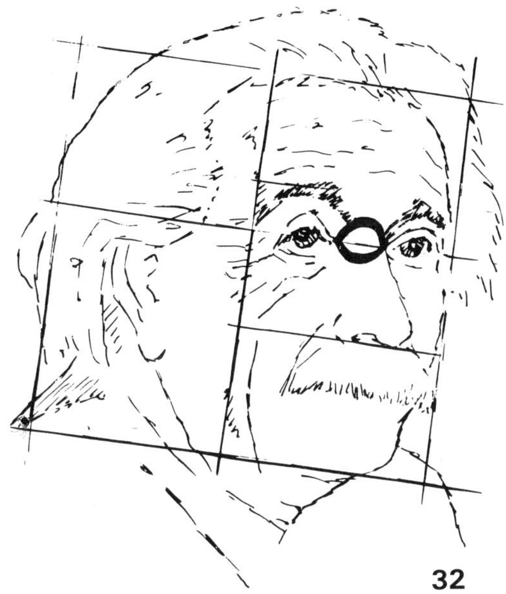

32

Und jetzt HALT!

Bevor wir weitermachen, überprüfen und berichtigen wir zunächst einmal, was wir bis jetzt gezeichnet haben. Dafür gibt es keine bessere Methode, als die komplizierten Umrisse des Modells zu einfachen Formen zu reduzieren. Dabei wenden wir ein Verfahren an, das von Profis laufend benutzt wird. Es besteht darin, imaginäre Linien zu ziehen.

Beginnen wir mit den vereinfachten Formen:

(Betrachten Sie bei dieser Analyse immer wieder Einsteins Foto, und versuchen Sie, dort die vereinfachten Formen zu erkennen.)

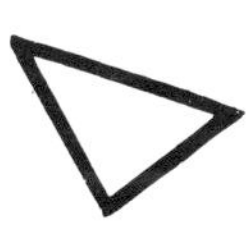

Zwischen den beiden Augenbrauen sehe ich ein Dreieck von dieser Form.

Im rechten Auge steckt dieser Halbkreis.

Diese Form entspricht der Einheit "Braue-linkes Auge".

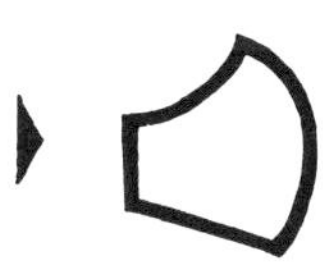

Bart, Mund und Kinn ergeben mit den Mundwinkeln diese Form.

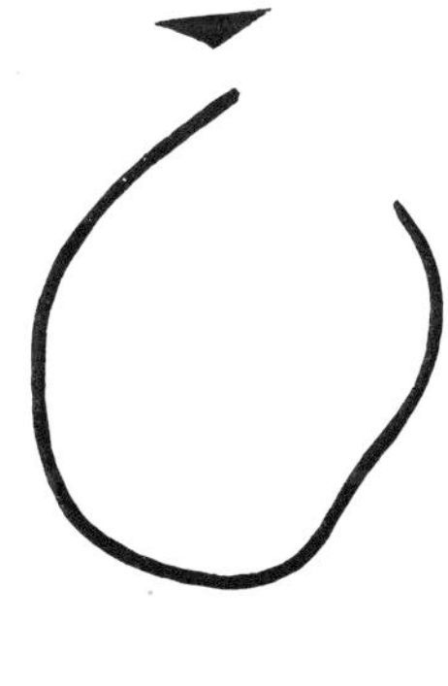

Die Nase wird durch eine Art Triangel dargestellt.

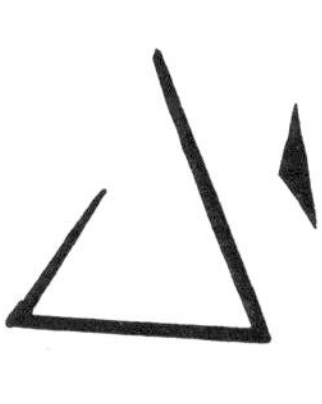

Die Neigungslinie, die der Kontur des Gesichtes folgt, liefert uns zusammen mit der rechten Seite des Vierecks dieses weitere Dreieck. (Es ist sehr wichtig, daß Sie die Neigung dieser Linie so genau wie möglich treffen. Nach unserer Methode ist das nicht schwierig.)

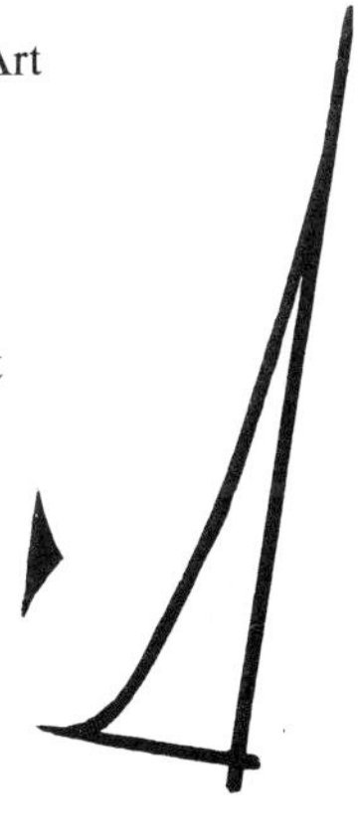

Ziehen wir jetzt wieder imaginäre Linien in unsere Zeichung. Das ist ja nichts Neues mehr für Sie. Die Regel dafür habe ich Ihnen schon auf den ersten Seiten dieses Kapitels genannt. Erinnern Sie sich? "Ziehen Sie imaginäre Linien, um den Platz zu ermitteln, den gewisse Formen im Vergleich zu anderen beanspruchen."

Die Gesamtbreite der Nase wird uns zum Beispiel von den zwei markierten Punkten auf dem Gesicht geliefert: Ziehe ich von diesen beiden Punkten zwei Linien nach unten, bekomme ich die genaue Lage der Nase an ihrer breitesten Stelle.

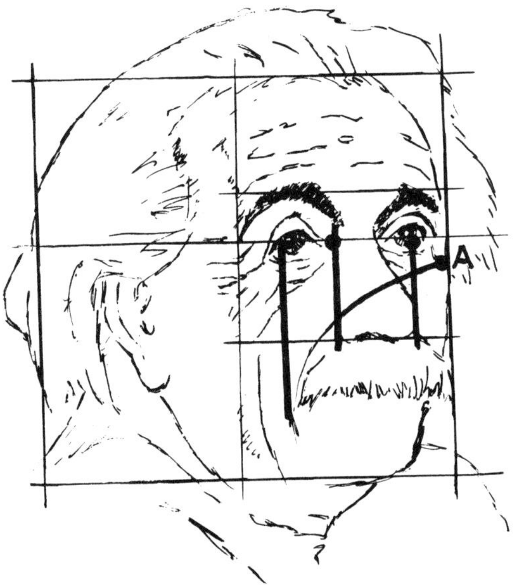

Ziehe ich eine weitere imaginäre Linie parallel zu den beiden ersten von der äußeren Ecke des linken Auges nach unten, erhalte ich die Lage der Mundwinkel.

Um die Neigung der Mundwinkel zu bestimmen, läßt sich eine weitere imaginäre Linie bis zum Punkt A des Gesichtes vorstellen. Anhand dieses gedachten Liniensystems (das Sie natürlich auch auf Ihre Zeichnung übertragen können, um eine größere Genauigkeit zu erreichen) überprüfe ich jetzt, ob die Augen, die Brauen, die Nase und der Mund richtig plaziert sind.

Nachdem die wichtigsten Bestandteile des Gesichtes festliegen, schreite ich nun zur Einrahmung nach Blöcken.

"Entschuldigen Sie, was bedeuten in diesem Sinne Blöcke?"

An mir ist es, sich zu entschuldigen. Es ist lange her, daß mir ein Schüler diese Frage gestellt hat. Aber ich will sie nicht unbeantwortet lassen. Falls Sie Bescheid wissen, überschlagen Sie die folgenden Absätze bitte...

Um zu begreifen, was wir Profis unter "Blöcken" verstehen, möchte ich zunächst auf die Begriffe "Linie" und "Fläche" hinweisen. Beide dürfen Sie nicht verwechseln!

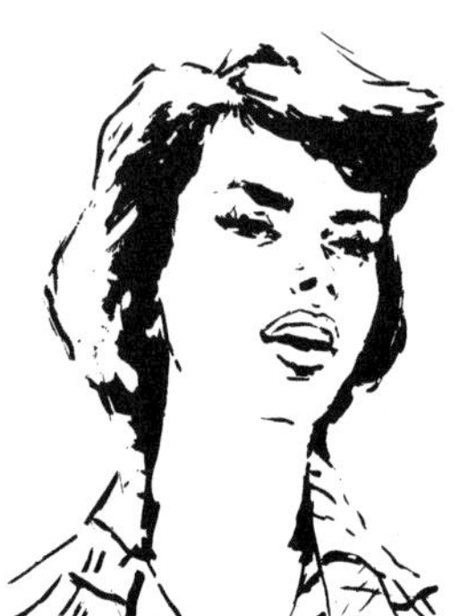

DIES IST EINE LINEARE ZEICHNUNG

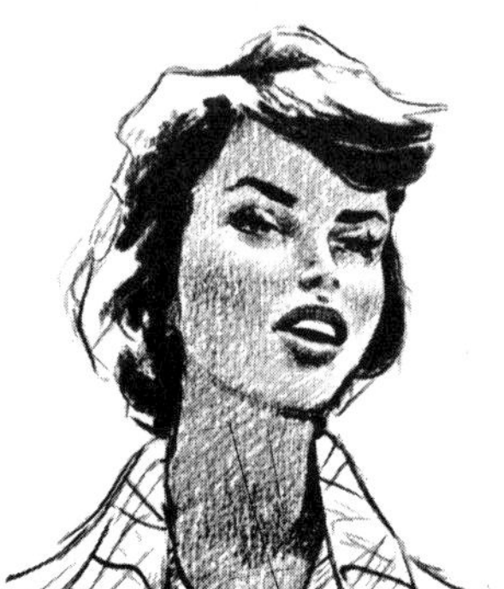

DIES IST EINE FLÄCHIGE ZEICHNUNG

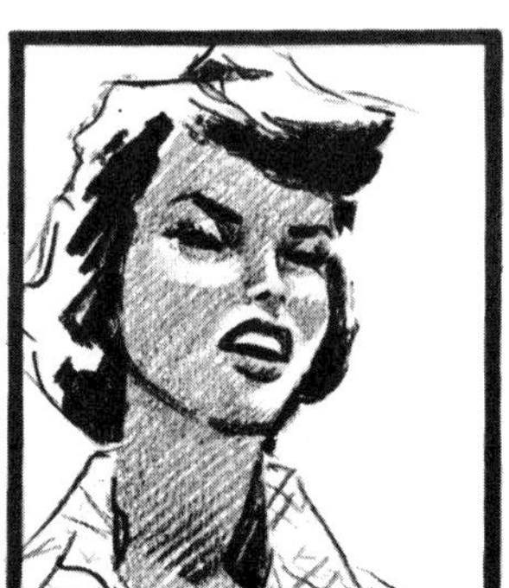

DIES IST EIN BLOCK

Was eine Linie ist, brauche ich nicht zu erklären. Die Fläche besteht entweder aus einer einzelnen Farbe oder der Tonalität als Ganzes. Aus der Nebeneinanderstellung verschiedener Flächen ergeben sich die Blökke.

Diese Blöcke bestimmen die Komposition eines Werkes. Es handelt sich also um Blöcke aus Licht und Schatten, die keinerlei Einzelheiten oder Abstufungen berücksichtigen.

Jetzt wird verständlich, was das "Einrahmen" nach "Blöcken" bedeutet. Wenn diese Blöcke das Schema von Licht und Schatten innerhalb eines Bildes wiedergeben, bedeutet das Einrahmen nach Blöcken die vereinfachte Bestimmung der Maße und Proportionen des Licht- und Schattenspiels innerhalb des Modells.

Nach diesem kleinen Einschub fahren wir nun mit dem Zeichnen fort.

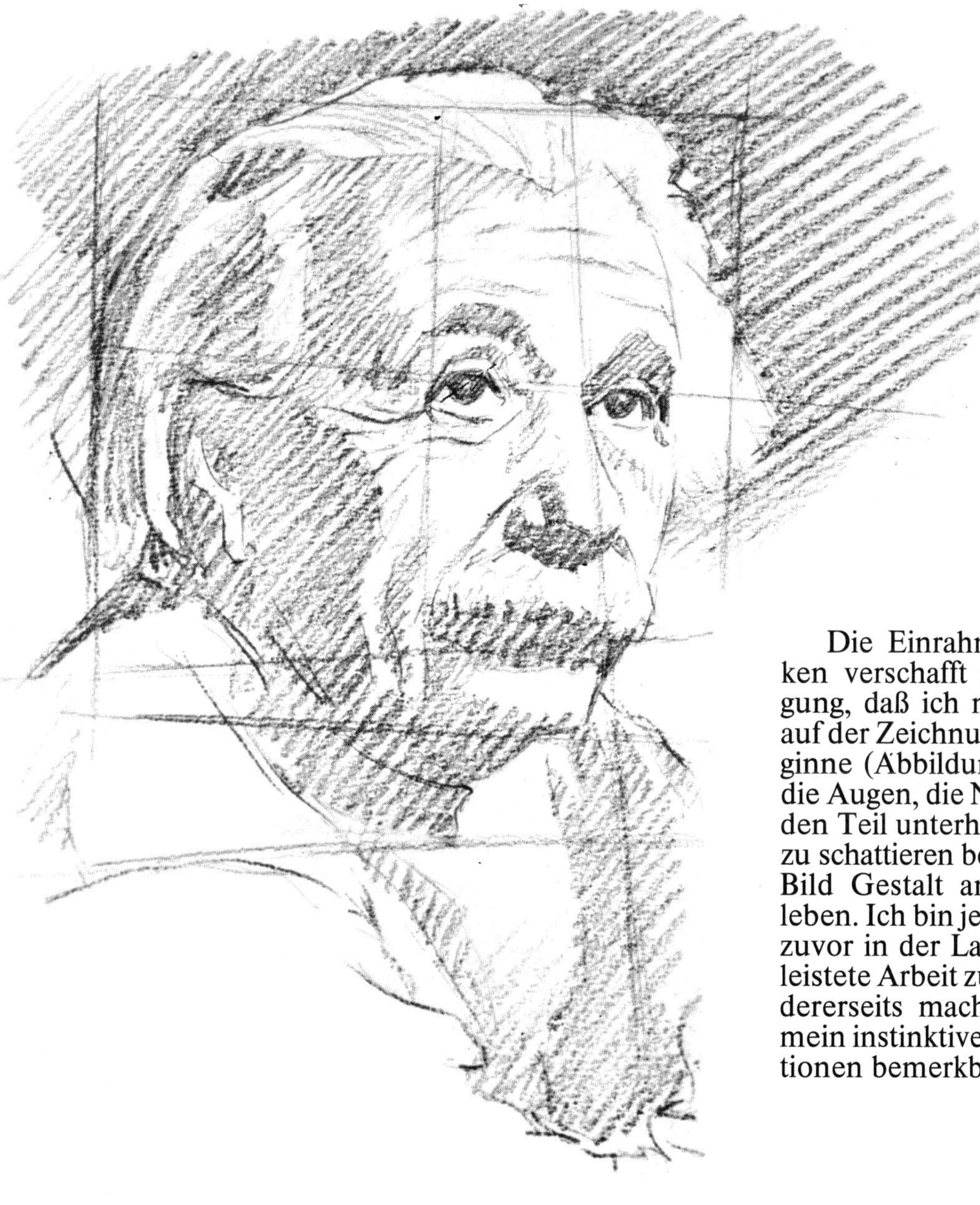

Die Einrahmung nach Blökken verschafft mir die Befriedigung, daß ich mein Modell jetzt auf der Zeichnung zu "sehen" beginne (Abbildung 34). Wenn ich die Augen, die Nase, die Wangen, den Teil unterhalb des Kinns etc. zu schattieren beginne, nimmt das Bild Gestalt an, beginnt es zu leben. Ich bin jetzt weit stärker als zuvor in der Lage, die bisher geleistete Arbeit zu analysieren. Andererseits macht sich nun auch mein instinktiver Sinn für Proportionen bemerkbar.

Der instinktive Sinn für Proportionen

Wenn man methodisch zeichnet, unablässig die Abstände kontrolliert, imaginäre Linien zieht und nach Anhaltspunkten sucht, kurz: der Methode folgt, die ich hier darlege, kommt automatisch irgendwann der Moment, zu dem man die Proportionen intuitiv erfaßt und beinahe instinktiv richtig umsetzt.

Zu Beginn scheint man eine richtige Blockade zu besitzen, die einen daran hindert, endlich "den Dreh" herauszubekommen. Die Proportionen wollen nicht stimmen, ein Teil gerät im Verhältnis zu einem anderen zu klein etc. Wir zeichnen zum Beispiel den allgemeinen Rahmen für das Gesicht, und wenn wir die einzelnen Elemente einfügen wollen, stellen wir fest, daß er viel zu groß geworden ist... Nach und nach löst sich die anfängliche Blockade dann auf – allerdings nicht ganz ohne unser Zutun. Man kann es vielleicht mit dem Lernen einer neuen Melodie vergleichen, die einem immer vertrauter wird, je öfter man sie hört.

So etwas bezeichne ich als den instinktiven Sinn für Proportionen. Es gibt ihn zweifellos! Dank dieses Sinnes fällt uns das Bestimmen der Abstände und der Maße immer leichter, so daß die Ähnlichkeit mit dem Modell ständig zunimmt.

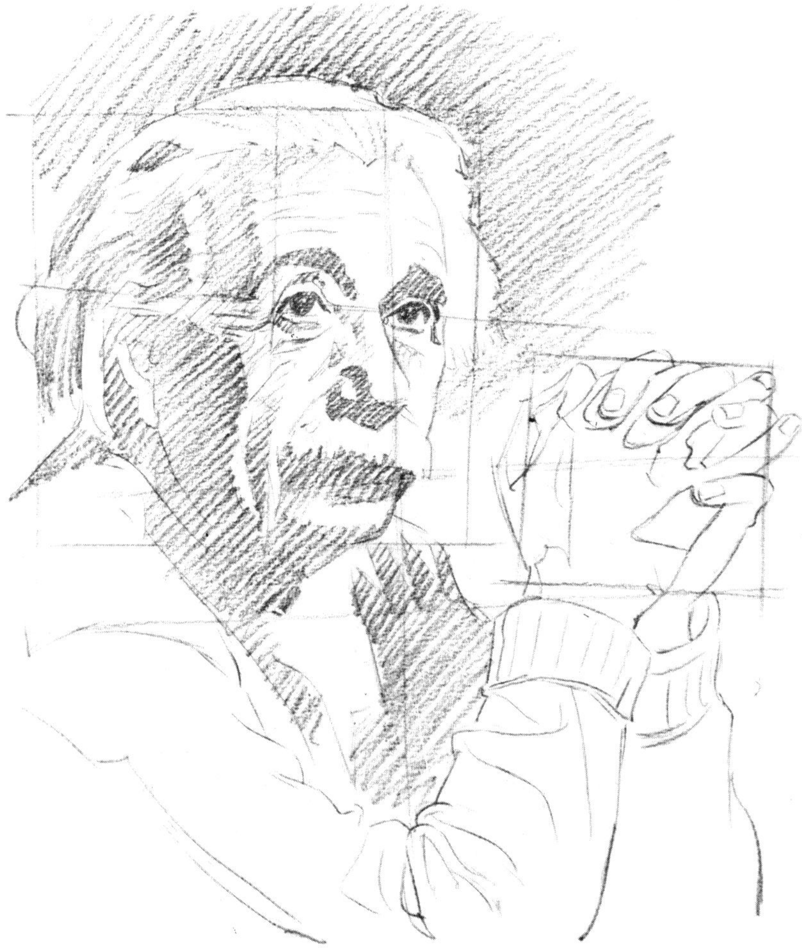

Die Linie in Höhe der Augen gibt mir die Position für den Rahmen der Hände an. Um die Maße und die genaue Lage zu bestimmen, brauche ich nur noch einige imaginäre Linien zu ziehen und die Maße, die ich im Gesicht gefunden habe, auf die Höhe und Breite der Hände zu übertragen. Dann skizziere ich rasch die Finger sowie die Form und die Umrisse der Hände.

Auch hierbei greife ich wieder auf das uns nun schon bekannte Verfahren der Suche nach reduzierten Formen zurück.

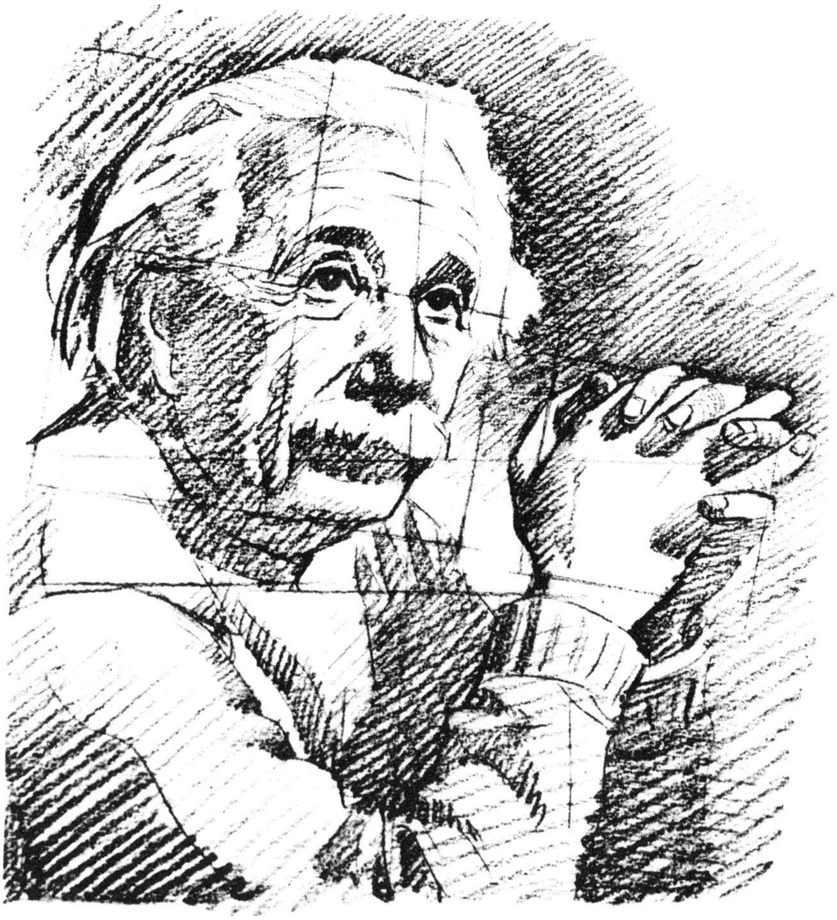

Zuletzt zeichne ich unter Beibehaltung derselben methodischen Reihenfolge die Hauptlinien des Körpers. Ich umzeichne die Schatten und studiere und vergleiche sie anhand ihrer reduzierten Formen.

DAS LETZTE STADIUM

Sind die Vorarbeiten jetzt beendet? Können wir nun mit dem Schattieren, dem Hervorheben, also dem eigentlichen Gestalten beginnen? Noch lange nicht! Es fehlt die unabdingbare letzte Überprüfung. Sie ist sogar die wichtigste, denn hierbei muß die endgültige Ähnlichkeit mit dem Modell erreicht werden. Beachten Sie bitte, daß dieser Hinweis nicht nur für ein Porträt gilt! Bei jeder Zeichnung – ganz gleich, ob es sich um einen Menschen, eine Landschaft oder ein Stilleben handelt – müssen Sie einmal innehalten, bevor Sie die Arbeit endgültig abschließen.

“Man muß sich die Zeit nehmen, die großen und die kleinen Fehler in seiner Arbeit zu erkennen”, sagte Tizian zu seinen Schülern. Und Tizian hielt sich selbst strikt an die eigenen Ratschläge. Er stellte ein Gemälde, das er soeben angefertigt hatte, gegen eine Wand und “betrachtete es erst wieder” – wie er selbst sagte – “wenn mein Ego eine Weile geschlafen hatte und ich wieder klar sehen konnte”.

Soviel verlange ich gar nicht von Ihnen. Aber wenn Sie an diesem Punkt angelangt sind, sollten Sie Ihre Arbeit wirklich einen Augenblick aus der Hand legen und ruhen lassen. Besser wäre es sogar, wenn Sie sie erst am nächsten Tag wieder aufnehmen, Sie zeichnen dann tatsächlich “mit klarerem Kopf und wacherem Geist” weiter.

Gehen Sie bei diesem letzten Vergleich der Maße so sorgfältig wie möglich vor, und lassen Sie sich soviel Zeit wie nötig! Überprüfen Sie die Länge jedes Bestandteils des Porträts, und vergleichen Sie sie mit den entsprechenden Maßen des Modells. Am besten geht das folgendermaßen:

Stellen Sie sich so hin, daß Sie sowohl Ihre Zeichnung als auch das Modell, ohne den Kopf bewegen zu müssen, mit einer einfachen raschen Bewegung der Augen erfassen können.

(Lesen Sie den letzten Absatz bitte noch einmal durch. Er ist sehr wichtig!)

Betrachten Sie zum Beispiel die Länge der Nase in Ihrer Zeichnung im Verhältnis zur Breite der Augen.

Sehen Sie sich diese beiden Maße in Ihrer Zeichnung so intensiv an, als wollten Sie versuchen, sie quasi auswendig zu lernen. Wenn Sie die Augen schließen, müssen Sie das Bild immer noch vor sich haben, als wäre es tatsächlich noch da. Sie müssen es sozusagen auf Ihrem Gehirn abfotografieren.

Und nun richten Sie die Augen rasch auf das Modell! Versuchen Sie, das Bild Ihrer Zeichnung – in diesem Fall also die Augen und die Nase – über das Modell zu legen. Vergleichen Sie *Ihre* Maße mit den *wirklichen* Maßen des Modells!

Und jetzt rasch wieder zurück zu Ihrer Zeichnung. Noch einmal die Augen aufs Modell – und wieder zurück zur Zeichnung. Die Bewegung muß ganz automatisch gehen. Sie müssen unablässig

VERGLEICHEN

VERGLEICHEN

...bis sich diese Gewohnheit in eine wahre Besessenheit verwandelt und jene Ängste auslöst, die ein halbgelöstes Problem hervorruft. Gleichzeitig aber vermittelt das Vergleichen dem Künstler die Befriedigung, eine Form zu bezwingen, wirklich zu beherrschen und nach Belieben darüber verfügen zu können. Hier beginnt sich jene unbändige innere Lust der künstlerischen Inspiration bemerkbar zu machen, die so schwer zu beschreiben ist. Sie gleicht einem inneren Glöckchenläuten, das immer stärker wird und Sie schließlich zwingt, ohne offensichtlichen Grund vor sich hin zu lächeln.

Eine Zeichnung ist schon eine großartige Sache!

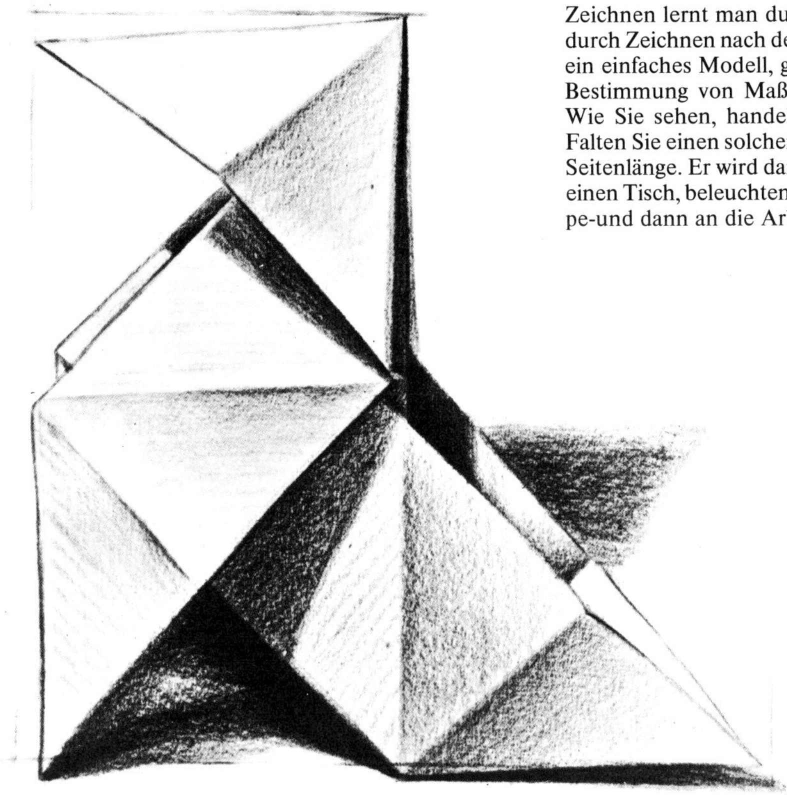

Zeichnen lernt man durch Zeichnen – und besser noch durch Zeichnen nach der Natur. Nebenstehend finden Sie ein einfaches Modell, genau das, was Sie zum Üben der Bestimmung von Maßen und Proportionen benötigen. Wie Sie sehen, handelt es sich um einen Papiervogel. Falten Sie einen solchen Vogel aus Karopapier von 23 cm Seitenlänge. Er wird dann 16 cm hoch. Stellen Sie ihn auf einen Tisch, beleuchten Sie ihn mit einer Schreibtischlampe-und dann an die Arbeit!

Zeichnen Sie den Vogel zunächst von der Seite, und versuchen Sie es dann aus der Dreiviertelperspektive.

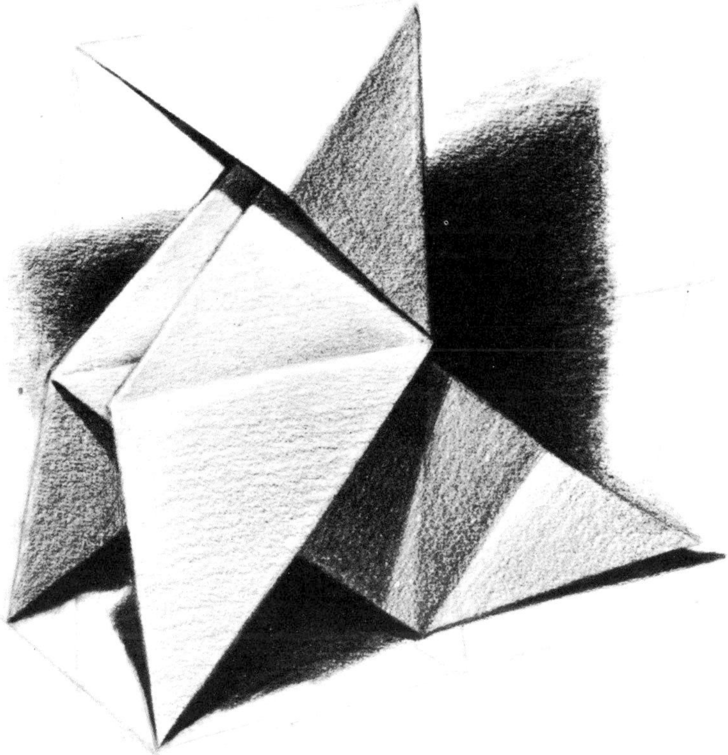

EINE VOLLSTÄNDIGE ÜBUNG

Diese wirklich nützliche Übung besteht im Zeichnen eines Stuhls. Haben Sie schon einmal versucht, einen Stuhl zu zeichnen?

Wählen Sie ein beliebiges Modell aus Ihrem Haushalt, und beachten Sie, daß die nun folgenden kurzen Empfehlungen für das Umzeichnen und die Wiedergabe jedes Stuhlmodells, Hockers, Sofas etc. gelten. Das Problem beschränkt sich im wesentlichen auf den Ablauf von drei Schritten:

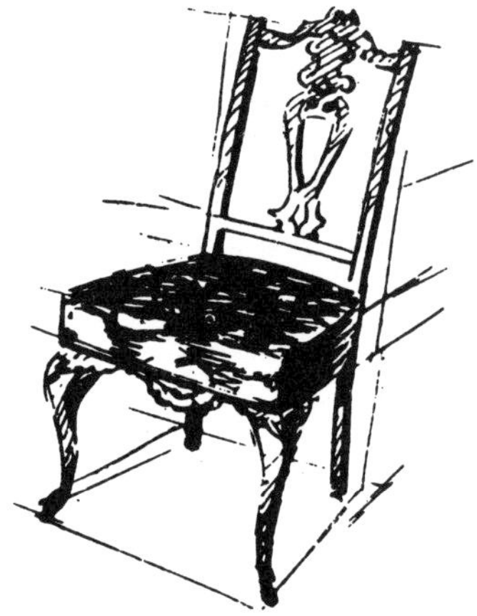

I

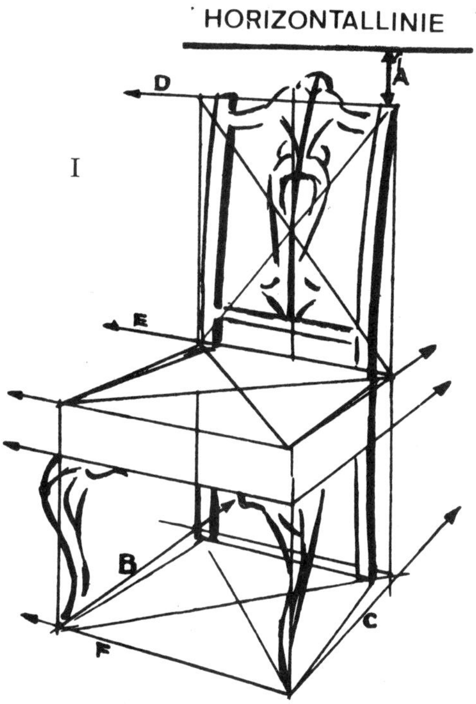

Die nebenstehende Abbildung I zeigt ein Konstruktionsschema, das Sie sorgfältig erstellen müssen, wenn Sie einen Stuhl zeichnen wollen. Anhand der untenstehenden Abbildungen (II, III, IV) erkennen Sie die Reihenfolge, in der Sie dieses Ziel erreichen. Sie werden feststellen, daß der Aufbau der Abbildungen I und II mit dem Zeichnen eines perspektivischen Würfels beginnt. Beachten Sie in diesem Zusammenhang, daß Sie die Horizontallinie, wenn Sie direkt vor und nicht seitlich vom Stuhl sitzen, unmittelbar über der Rückenlehne des Stuhls erkennen und diese natürlich parallel zur Oberkante verläuft. Haben Sie diese Horizontallinie festgelegt, brauchen Sie nur noch ein perspektivisches Rechteck zu zeichnen, das der Rückenlehne des Stuhls entspricht (siehe Abbildung III). Dann ist das Grundschema fertig. Nach diesem Schema läßt sich jedes Stuhl-oder oder Sesselmodell zeichnen.

II

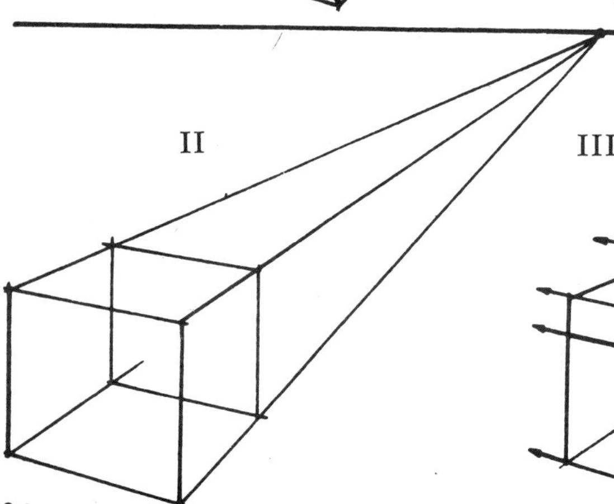

III

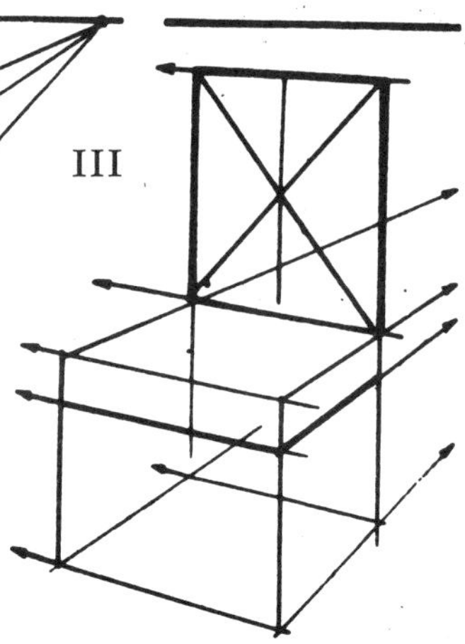

IV

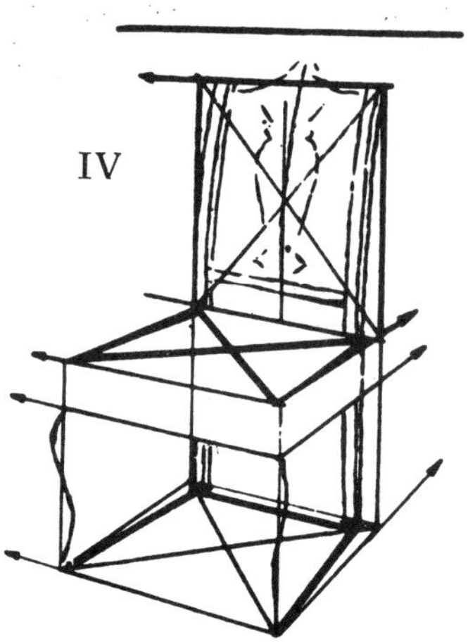

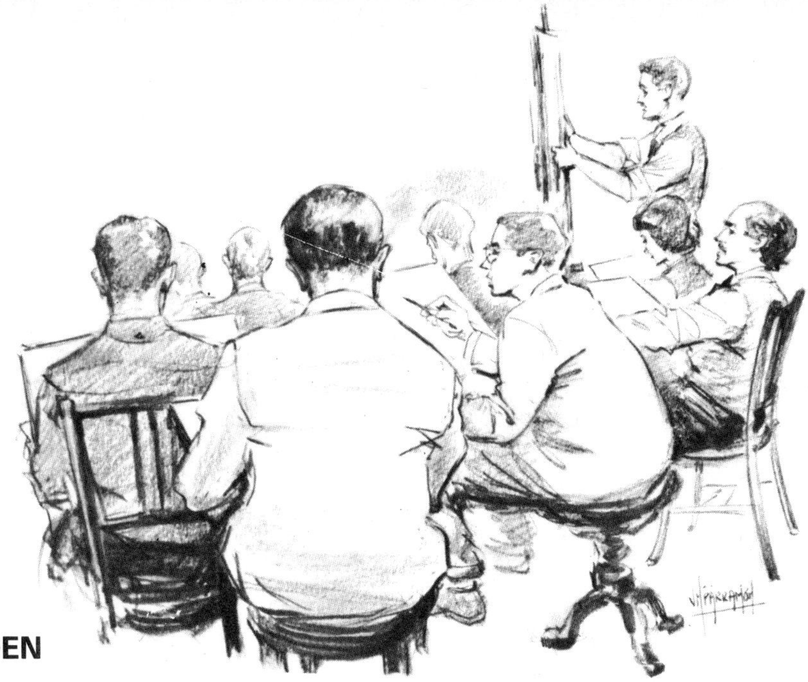

DAS MODELL IST NICHT EINVERSTANDEN

Eine Klasse beim Aktzeichnen nach der Natur.

Der Professor erklärt seinem Modell eben die Haltung, die es einnehmen soll.

"Nein, nein. Heben Sie den Arm stärker, den Kopf höher, und das rechte Bein etwas nach hinten..."

Wir sind etwa dreißig Schüler und verfolgen schweigend die Vorbereitungen.

Das junge Mädchen steht zum erstenmal Modell.

Während der Professor es aus einiger Entfernung schweigend betrachtet, ruft plötzlich jemand:

"Wie bei einer Beerdigung!"

Allgemeines Gelächter ist die Antwort.

"Genug jetzt!" fährt uns der Professor an. Dann wendet er sich an das Modell.

"Bewegen Sie sich jetzt nicht mehr. So ist es gut!"

Das junge Mädchen bleibt beinahe in einer Habachtstellung steif stehen.

Alle beginnen zu zeichnen. Aber es sind noch keine fünf Minuten vergangen, da steigt das Modell entschlossenen Schrittes vom Podest und verschwindet ohne eine Erklärung durch die Tür hinten im Saal.

Unsere Verblüffung ist nur von kurzer Dauer. Das junge Mädchen taucht wenig später angezogen wieder auf und verkündet äußerst bestürzt:

"Daß ich mich hier hinstelle, wie Gott mich geschaffen hat, und Sie darüber scherzen, kann ich ja noch ertragen; aber daß Sie sich über mich lustig machen und mich auf dem Papier in einen Sarg stecken... Also, das geht zu weit! Das mache ich nicht mehr mit!"

"Aber", greift ein Schüler ein, "das ist doch die Umzeichnung. Erst zieht man einen Rahmen, und dann..."

"Meinetwegen! Aber mich rahmen Sie nicht mehr ein. Verstanden?" Damit schlägt sie die Tür hinter sich zu.

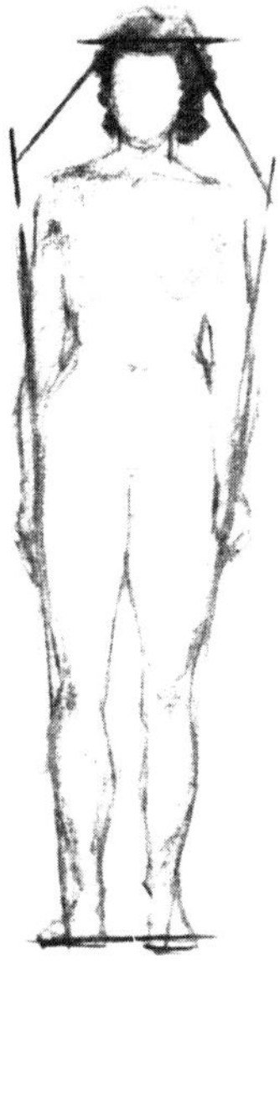

Wie man nach der Natur aufbaut und UMZEICHNET

Warum muß man die Formen umzeichnen?

Ohne das Einrahmen, das Umzeichnen der Formen geht es nicht; Beispiel läßt sich nur durch Einrahmung das Verhältnis zwischen dem Kopf, dem Körper, den verschiedenen Gliedmaßen und schließlich zwischen dem Modell und der Leinwand ermitteln.

Wissen Sie, wie ein Hobbymaler ohne Erfahrung vorgeht, wenn er ohne Rahmen ein Modell nach der Natur zeichnet? Er tut folgendes:

Er betrachtet das Gesicht, berechnet die Maße des Kopfes – sowohl die Höhe als auch die Breite – und zeichnet es.

Er schätzt die Länge des Halses, vergleicht sie mit der Höhe des Kopfes, rechnet aus, daß er kürzer ist, und zeichnet den Hals. Er betrachtet den Rumpf, vergleicht ihn mit dem Hals, überlegt, daß der Rumpf erheblich größer sein muß, und zeichnet ihn. Endlich ist er bei den Füßen angekommen. Dann sieht er seine Arbeit prüfend an. Und wenn er in der Lage ist, sie kritisch zu betrachten – das ist manchmal ein schwieriges Unterfangen –, stellt er fest, daß die Beine zu kurz oder zu lang sind und mit dem übrigen Körper nicht im richtigen Verhältnis stehen. Weshalb nicht? Ganz einfach, weil dem ersten Fehler viele weitere folgten; weil der Maler die Länge des Halses doch nicht richtig erfaßt hatte und diese anschließend als Berechnungsgrundlage für den Rumpf benutzt hat... Und weil er die Länge des Rumpfes auch nicht ganz richtig ermittelt hat und trotzdem die Hüften danach berechnete... Und weil... etc. etc.

Der Rahmen ermöglicht:
die vereinfachte Kontrolle der Maße und Proportionen während des Aufbaus der Zeichnung.
Und das bedeutet:
Beim Zeichnen des Rahmens betrachtet man die Maße des Modells in ihrer Gesamtheit.
Beim Zeichnen der Personen im Rahmen überprüft man die errechneten Maße innerhalb des Eingangsrahmens.

Nehmen wir jetzt einmal an, unser Hobbymaler prüft sein Modell von Kopf bis Fuß und zeichnet dann den “Korb”, wie Ingres den Rahmen nannte. Er berechnet die Maße, indem er Höhe und Breite miteinander vergleicht. Anschließend zeichnet unser Mann einige Hauptlinien in den Eingangsrahmen, vergleicht dabei ständig die größeren Maße miteinander und betrachtet das Modell immer noch als eine Einheit... Schließlich bestimmt er – falls er dazu noch fähig ist – nach dem Modell als Ganzem die Lage der Schultern, des Nabels, der Knie... Wie einfach wird jetzt der korrekte Aufbau der Zeichnung! Man weiß genau, wo sich welcher Körperteil befinden muß.

UND WENN DER SCHÜLER EINFACH KEINEN RAHMEN ERKENNT?

Das ist ein uraltes Problem, für das ich lange keine Lösung fand.

Ich hatte ein paar Anfänger als Schüler im Hause, die sich jedesmal in eine Vielzahl von Einzelheiten verloren, sobald sie nach der Natur zeichnen wollten. Andererseits war fast jeder von ihnen durchaus in der Lage, eine Grafik wirklich perfekt zu kopieren. (Ich erinnere mich daran, daß einer von ihnen am ersten Tag mit einer absolut gelungenen Bleistiftkopie des Porträts des Filmschauspielers Charles Laughton bei mir erschien.) Doch keinem von ihnen gelang es, angesichts eines lebenden Modells die wesentlichen Konturen herauszufinden. Es war sinnlos, mit ihnen über das Umzeichnen oder die Rahmen zu reden: Sie sahen sie einfach nicht. Sie begriffen den Sinn nicht. Die Proportionen, die Maße und die Formen des Modells entgingen ihnen völlig.

Ich habe mich allein in mein Atelier eingeschlossen, mich vor eine Gipsplastik des Moses von Michelangelo gesetzt und mich gezwungen, herauszufinden, worin diese Schwierigkeit bestand, die sich wie ein unüberwindliches Hindernis zwischen dem Schüler und dem Modell aufrichtete und ihn daran hinderte, die Form, die Kontur, das Grundschema zu erfassen. Warum konnten diese Schüler ohne weiteres eine Zeichnung kopieren, waren angesichts eines lebenden Modells jedoch vollkommen hilflos?

Ich habe mich an ihre Stelle versetzt und an jene Zeit zurückgedacht, als ich selbst ebenfalls dieses Problem überwinden mußte. Und ich bin zu einer Schlußfolgerung gekommen, mit der ich vielen Schülern raten und weiterhelfen konnte. Ich habe eingesehen, daß es diesen Schülern beim Zeichnen nach der Natur einfach nicht gelingen wollte, das Modell wie eine flache Figur zu betrachten, und sie sich durch die drei Dimensionen irritieren ließen.

Packen wir das Problem also an, und beschäftigen wir uns mit der "perspektivischen Verkürzung", wie ich es einmal nennen möchte.

DAS HINDERNIS DER PERSPEKTIVISCHEN VERKÜRZUNG

Künstler sprechen von einer perspektivischen Verkürzung, wenn ein Körper aus ihrem Blickwinkel schräg oder senkrecht liegt. Ein Arm ist zum Beispiel "verkürzt", wenn das vor uns stehende Modell ihn hebt und mit der Hand auf uns zeigt. Jemand, der auf dem Sprungbrett eines Schwimmbades steht, zeigt sich, von unten gesehen, ebenfalls "verkürzt". Das gleiche gilt für ein umgestürztes Glas oder einen liegenden Krug auf einem Tisch.

In der Praxis taucht die verkürzte Perspektive in allen räumlichen Körpern auf. Ganz gleich, ob es sich um ein Buch, ein Pferd oder einen Frauenkopf handelt, immer gibt es irgendwelche verkürzten Teile.

Zu allen Zeiten haben die Künstler viele Stunden mit dem Studium der verkürzten Perspektive verbracht. In den Museen und Privatsammlungen gibt es Hunderte von Zeichnungen und Studien, meist in Form von Skizzen, die Hände, Füße, Arme oder Köpfe in perspektivischer Verkürzung zeigen. Fast immer handelt es sich dabei um Vorstudien zu großen Werken.

Weshalb all diese Skizzen entstanden sind?

Weil das Zeichnen in perspektivischer Verkürzung – vor allem in der beinahe absoluten Verkürzung – zweifellos die größte Schwierigkeit überhaupt bereitet.

Um das zu verstehen, machen Sie bitte einmal einen Versuch: Setzen Sie sich vor einen Spiegel, und zeigen Sie so mit dem Zeigefinger der

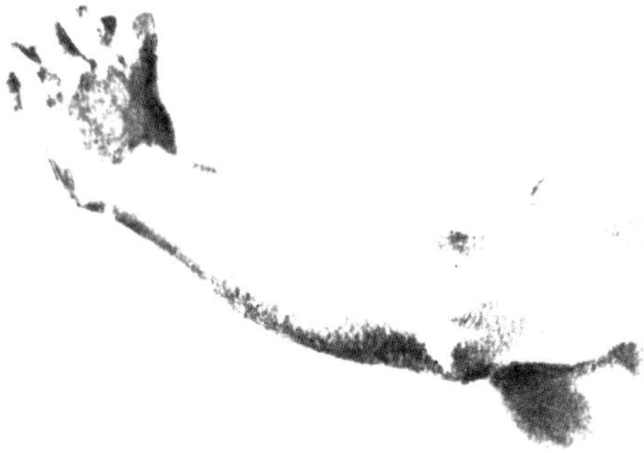

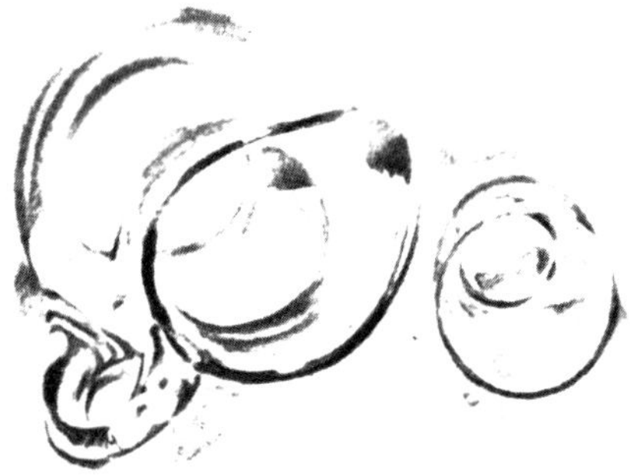

linken Hand auf sich, daß der Finger genau in Augenhöhe auf Sie zuläuft. Und jetzt stellen Sie sich vor, Sie sollten diese Hand zeichnen. Was müßten Sie tun, um den Zeigefinger perspektivisch verkürzt wiederzugeben? Welche Linien müßten auf Ihrem Zeichenblock erscheinen? Wie sind Licht und Schatten zu verteilen, damit jedermann begreift, daß es sich um einen Finger handelt?

Diese Frage führt uns zu einem weiteren Problem:

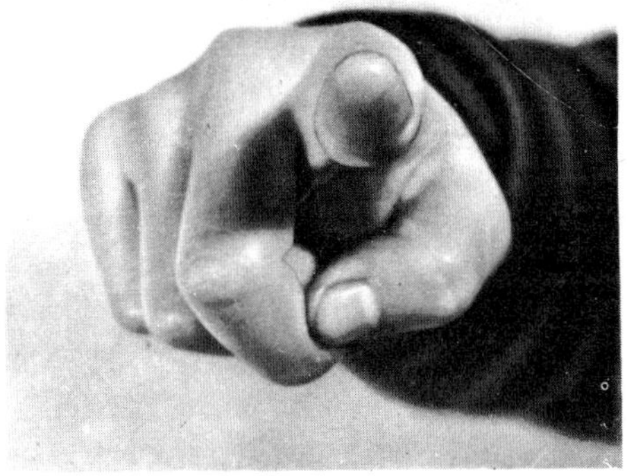

DAS HINDERNIS DER ZWEI DIMENSIONEN

Stellen Sie sich vor, diese Hand würde gleichzeitig von einem Maler (oder meinetwegen einem Zeichner) und einem Bildhauer gestaltet. Der Bildhauer modellierte die Hand absolut realistisch, er gäbe ihr einen Körper, also Räumlichkeit. Der Bildhauer arbeitet dreidimensional. Alle seine Körper besitzen Höhe, Breite und Tiefe.

Der Maler zeichnet die Hand dagegen auf einer Ebene (dem Zeichenpapier oder der Leinwand), und es ist ihm unmöglich, sie aus seinem Bild "herauszutreten zu lassen". Er kann das tatsächliche Volumen nicht darstellen. Um den Eindruck der Räumlichkeit dennoch zu erhalten, zeichnet er die genauen Umrisse und die Licht- und Schattenwirkungen und erreicht dadurch ein Gefühl der Tiefe. Konkret gesagt: Der Maler arbeitet nur mit zwei Dimensionen, nämlich mit Höhe und Breite.

Kehren wir noch einmal zu unserem Modell zurück: zu dieser Hand, deren Zeigefinger genau auf Sie gerichtet ist.

Für Sie stellt die Haltung des Fingers kein Problem dar. Sie erkennen ihn genau; er schiebt sich mit dem Nagel voran aus der Hand heraus. Obwohl sich der Finger in der absoluten perspektivischen Verkürzung zeigt, erkennen Sie die Länge mit einem Blick. Aus einer angemessenen Entfernung sind Ihre Augen in der Lage, eine Räumlichkeit zu erkennen und damit die Höhe, die Breite und die Tiefe zu erfassen, die jeder Körper besitzt. Nun haben wir aber bereits festgestellt, daß der Maler nur mit zwei Dimensionen arbeitet, daß er den Körper also nicht so räumlich wiedergeben kann, *wie er ihn sieht;* denn er zeichnet auf einer ebenen Fläche, auf der es die dritte Dimension, die Tiefe, nicht gibt.

Das haben Sie verstanden, nicht wahr? Daher rühren alle Schwierigkeiten des Anfängers, wenn er sich zum erstenmal einem echten Modell gegenübersieht. Dieser Anfänger ist wie Sie und ich in einer Welt voller Formen aufgewachsen, die er immer nur räumlich gesehen hat. Sein Gehirn ist es absolut gewöhnt, gewisse Teile eines Körpers im Verhältnis zu anderen auf eine zweite Ebene zu setzen; es ist sogar in der Lage, die Tiefe und die Räumlichkeit der Körper und Gegenstände zu erkennen, wenn der Mensch sie nur mit einem Auge betrachtet – obwohl die Fähigkeit, räumlich zu sehen, eigentlich erst durch das Zusammenwirken beider Augen entsteht.

Nun sitzt unser wackerer Anfänger also einem Modell gegenüber. Er sieht es in den drei Dimensionen, also in seiner vollen Räumlichkeit, und versucht verzweifelt, dieses Bild auf seine flache Leinwand oder das Blatt Papier zu übertragen. Und schon verstrickt er sich in eine Unmenge von Linien, denn er ist

unfähig, das, was er dreidimensional sieht, auf zwei Dimensionen zu reduzieren.

Natürlich bereitet ihm das Kopieren einer Zeichnung kein Kopfzerbrechen, denn dabei stellt sich das Problem der drei Dimensionen ja nicht. Auf einer Bildvorlage sind alle Formen flach dargestellt. Hier existiert die Schwierigkeit der Räumlichkeit, der perspektivischen Verkürzung oder der Tiefe nicht. Alle Maße stehen fest, sobald Höhe und Breite ermittelt sind. Diese Maße und das Spiel von Licht und Schatten brauchen nur übertragen zu werden, und schon erhält man ein identisches Ergebnis.

Bauen Sie die Hindernisse ab!

Alles in allem gibt es nur eine Lösung, um die Schwierigkeit der perspektivischen Verkürzung und des zweidimensionalen Zeichnens zu überwinden:

Sehen Sie das Modell ohne die dritte Dimension.

Betrachten Sie das Modell also wie einen ebenen Gegenstand ohne räumliche Wirkung, ohne die Verkürzungen und ohne jede Tiefe. Das setzt naturgemäß ein neues Sehverhalten voraus. Mit einigem guten

Willen wird es aber bald zu einer geliebten Gewohnheit.

Ob das schwierig ist?

Ja und nein. Das hängt ganz von Ihrem Bemühen ab.

Zeichnen Sie häufig nach der Natur, dann stellt sich diese neue Gewohnheit nach und nach von allein ein.

Verdienen Sie sich die ersten Sporen mit Modellen, die wenig räumlich sind; wenden Sie Ihre Aufmerksamkeit anschließend Gegenständen mit bedeutenderem Volumen zu, und widmen Sie sich erst am Schluß den Übungen mit der absoluten perspektivischen Verkürzung, denn dies ist die heikelste Klippe in der Kunst des Zeichnens. Ich wiederhole meinen Rat:

Beginnen Sie beim Zeichnen nach der Natur mit Körpern, die nur wenig Tiefenwirkung besitzen.

Wissen Sie, weshalb es leichter ist, ein Gesicht von der Seite anstatt von vorn zu zeichnen? Genau wegen der Schwierigkeiten, die wir gerade behandelt haben: weil die Nase, von vorn gesehen, praktisch absolut verkürzt ist und man die Form (ohne Höhe und Breite, nur Tiefe) mit Hilfe von Grautönen, also von Licht und Schatten aufbauen muß.

Dasselbe gilt für die Ohren, die Wangen, die Schläfen und die Stirnglatze, wenn auch in geringerem Maße.

Beginnen Sie also mit dem Zeichnen eines Gesichtes im Profil; gehen Sie dann zu Gesichtern aus der Dreiviertelperspektive über, und beenden Sie die Übungen mit einem Gesicht von vorn. Während Sie die Gewohnheit des zweidimensionalen Sehens noch entwickeln, rate ich Ihnen dringend:

Wählen Sie die am wenigsten "heikle" Position Ihres Modells, die also die geringsten perspektivischen Verkürzungen aufweist.

Versuchen Sie, gar nicht erst daran zu denken, daß das Modell räumlich ist. Bemühen Sie sich, es ohne die zweite und die dritte Ebene zu sehen. Es muß Ihnen völlig flach erscheinen: alle Linien befinden sich auf derselben Ebene. Und schließlich:

Betrachten Sie das Modell wie einen völlig unbekannten Körper.

Denken Sie zum Beispiel nicht: "Das ist eine Nase." Dann nehmen Sie instinktiv wieder die Räumlichkeit wahr, Sie registrieren die Tiefe, und die Schwierigkeiten beginnen von vorn. Nein, betrachten Sie die Nase, als hätten Sie ein weißes Blatt Papier mit ein paar Farbflecken vor sich. Denken Sie: Dieser Fleck dort hat jene Form und ist soundso getönt;

an der Seite befindet sich ein weiterer, etwas länglicherer Fleck, und auf der Spitze sitzt ein kleines Spitzlicht – eine Stelle mit einem Reflex... Und alles liegt auf einer Ebene.

Betrachten Sie Ihr Modell, als hätten Sie einen Druck oder eine Fotografie vor sich. Dann erhalten Sie ein korrektes Ergebnis.

Kommt zu dieser Art des Sehens, die nach und nach zu einer Gewohnheit werden sollte, das Prinzip des Einrahmens nach Blöcken hinzu, haben Sie den halben Kampf um das Zeichnen nach der Natur bereits gewonnen. Die folgenden Übungen sollen Ihnen dabei helfen.

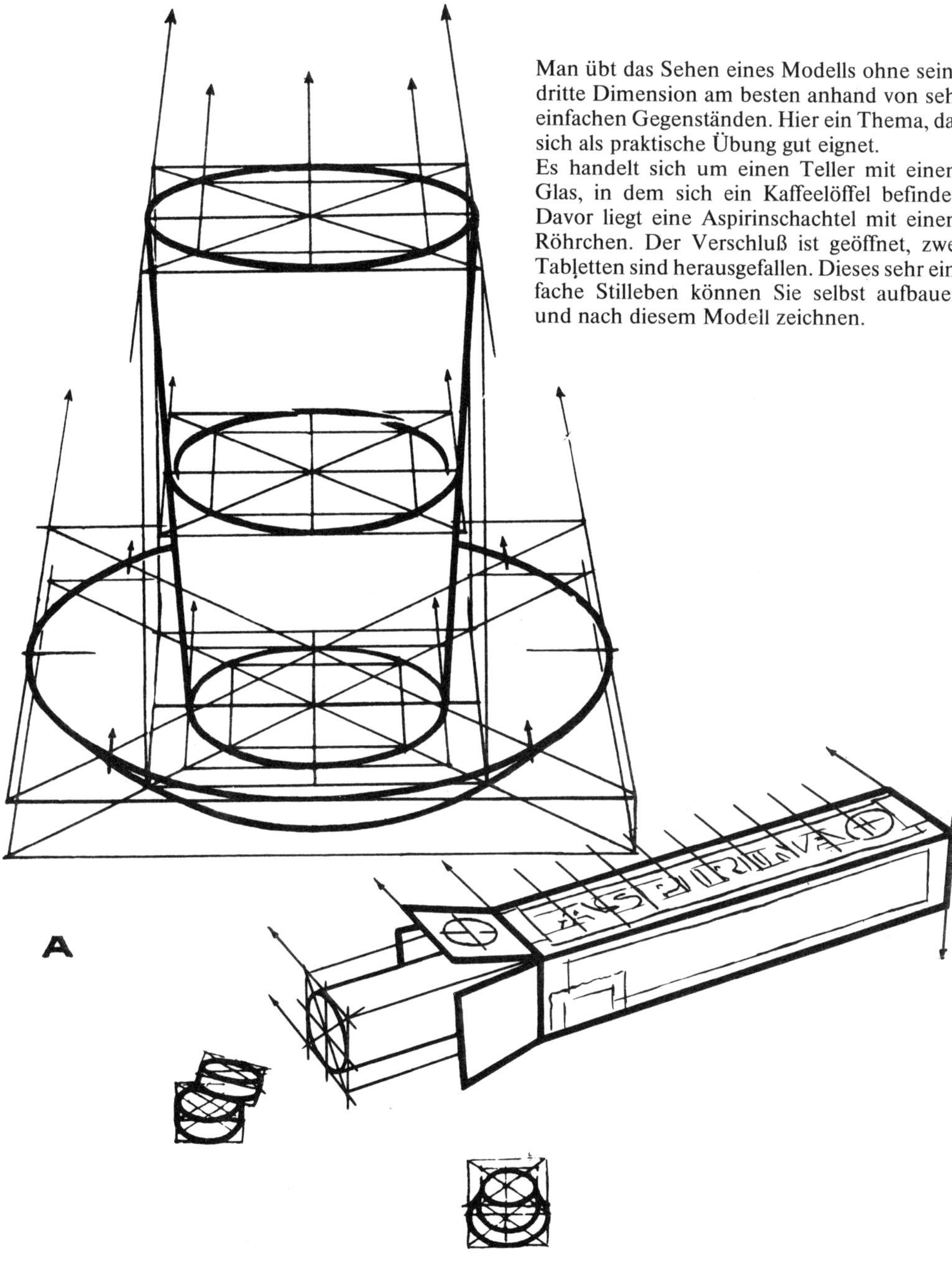

Man übt das Sehen eines Modells ohne seine dritte Dimension am besten anhand von sehr einfachen Gegenständen. Hier ein Thema, das sich als praktische Übung gut eignet.
Es handelt sich um einen Teller mit einem Glas, in dem sich ein Kaffeelöffel befindet. Davor liegt eine Aspirinschachtel mit einem Röhrchen. Der Verschluß ist geöffnet, zwei Tabletten sind herausgefallen. Dieses sehr einfache Stilleben können Sie selbst aufbauen und nach diesem Modell zeichnen.

A

Beachten Sie, daß das Konstruktionsgerüst der Abbildung auf der gegenüberliegenden Seite (A) wie auch die fertige Zeichnung des Stillebens den Regeln und Gesetzen der Perspektive unterliegt.
Studieren Sie auf der Zeichnung (B) die Richtung der Schattierung und die Leichtigkeit, mit der sie ausgeführt ist. Die Zeichnung wurde mit einem Bleistift Nr. 2B angefertigt.

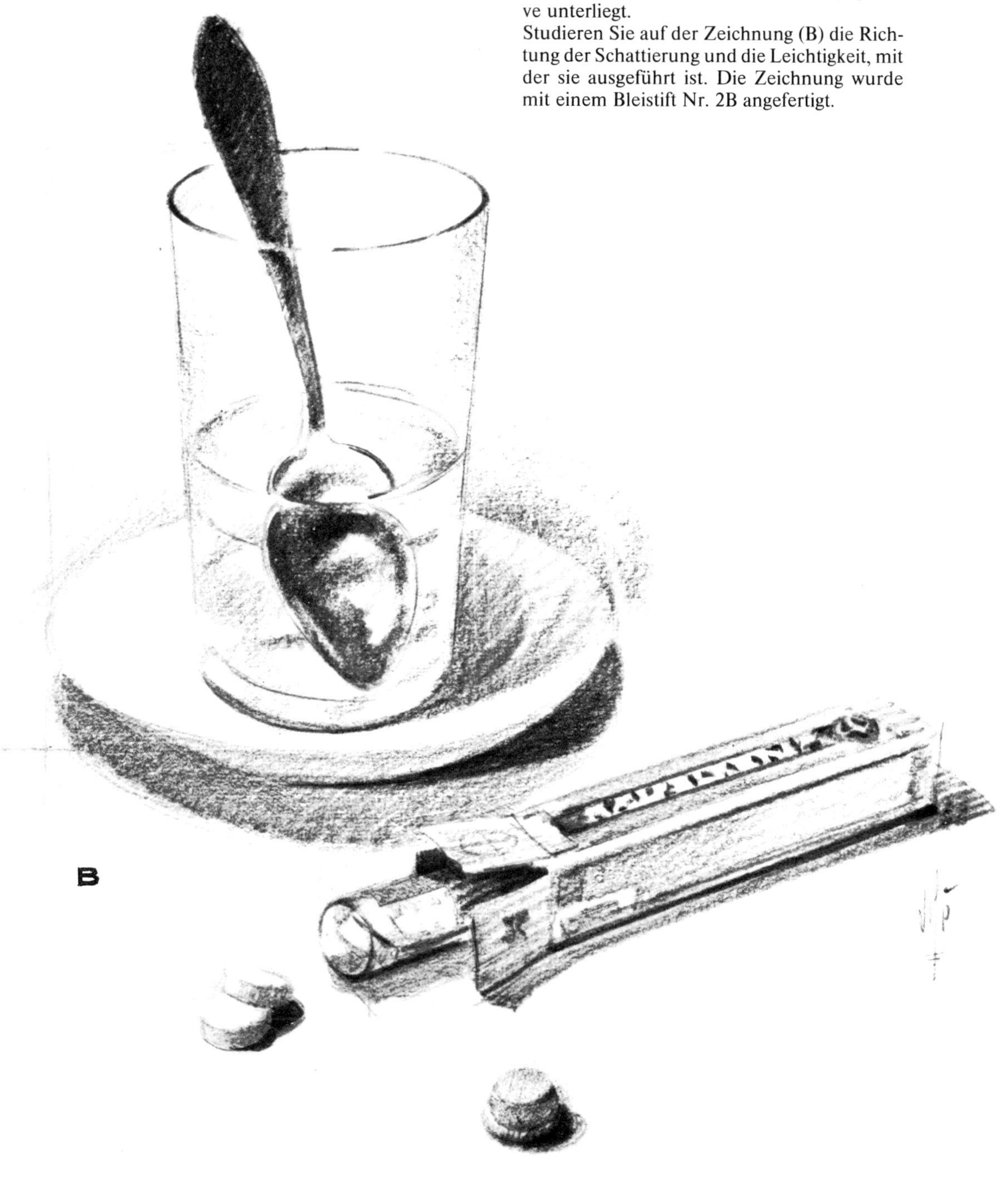

B

VON DER THEORIE ZUR PRAXIS

DER PLATZ DES KÜNSTLERS VOR SEINEM MODELL

Erinnern Sie sich: Sie lernen derzeit das Zeichnen nach der Natur. Sowohl in der Einführungsphase, in der es um den Aufbau und das Umzeichnen geht, als auch bei den folgenden Übungen mit den Kontrasten von Licht und Schatten beruht Ihre künstlerische Tätigkeit auf dem ständigen Zusammenspiel von Beobachtung und Vergleich.

Soll diese Arbeit so effizient wie möglich ausfallen, muß sich der Künstler unbedingt in der richtigen Position gegenüber seinem Modell befinden. Er muß Zeichnung und Modell möglichst ohne jede Kopfbewegung allein durch Anheben der Augen im Blickfeld haben.

Betrachten Sie die folgenden Abbildungen:

Auf dem linken Bild (A) ist der Zeichner aufgrund der falschen Plazierung des Zeichenbrettes im Verhältnis zum Modell gezwungen, den Kopf zu heben, wenn er es betrachten will.

Auf dem rechten Bild (B) kann der Künstler aufgrund der besseren Lage des Brettes sowohl Zeichnung als auch Modell durch eine einfache Bewegung der Augen sehen. Er braucht nicht jedesmal den Kopf zu wenden.

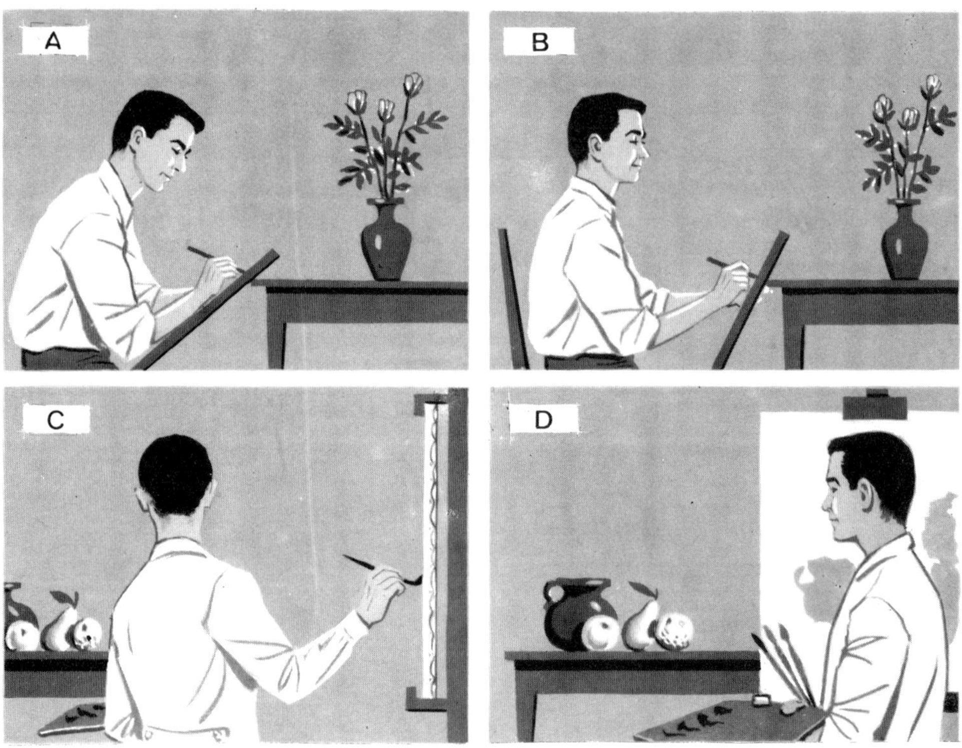

Dasselbe gilt für die Abbildungen C und D. Links muß der Künstler jedesmal beinahe den ganzen Körper von der Staffelei wegdrehen, wenn er sein Modell betrachten will. Die korrekte Position auf der rechten Abbildung ermöglicht das Zeichnen und Vergleichen der Abstände mit einem minimalen Aufwand. Der Künstler erhält also “ein Maximum an Ertrag mit einem Minimum an Aufwand”.

DIE UNTERSCHIEDLICHEN RAHMEN UND DIVERSE UMZEICHNUNGSMÖGLICHKEITEN

Wir kommen gleich zum Kern der Sache. Vorab lassen Sie mich aber noch eine Unterscheidung der Rahmen nach ihrem Verwendungszweck vornehmen. In diesem Sinne unterscheiden wir:

1. den flachen oder geometrischen Rahmen, der der flachen Figur aufgelegt wird. Wir werden feststellen, daß dieser Rahmen am meisten verwendet wird.
2. den blockartigen oder räumlichen Rahmen, der sich speziell für Modelle eignet, die Perspektive besitzen.
3. die Umzeichnungslinien, die innerhalb der vorgenannten Rahmen als Hilfslinien dienen oder *als selbständige Rahmen fungieren.*

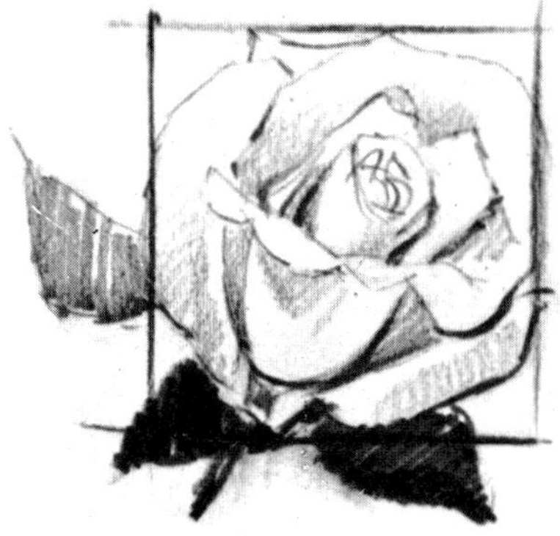

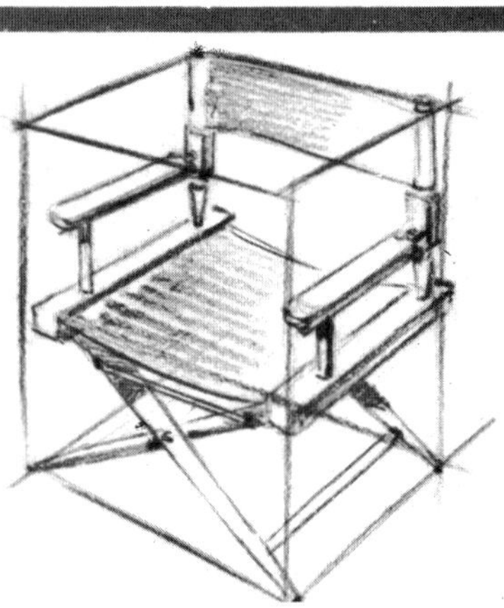

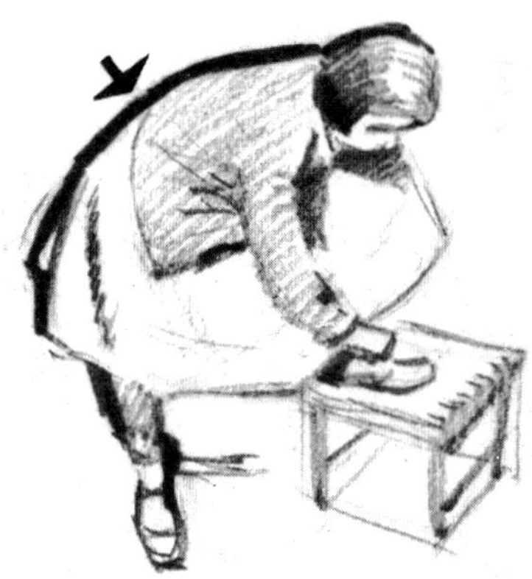

Der Künstler arbeitet in der Praxis fast immer mit dem flachen oder geometrischen Rahmen, der sich bei jedem Modell anwenden läßt, gleichgültig, ob es Perspektive aufweist oder nicht. Deshalb werde ich dem Aufbau dieses Rahmens besondere Aufmerksamkeit schenken. Später werden wir allerdings feststellen, daß die meisten Regeln für diesen Rahmen auch bei einem blockartigen Rahmen Anwendung finden.

DER FLACHE ODER GEOMETRISCHE RAHMEN

Zunächst vereinfachen wir die Formen, damit sich alle Details auf wenige Linien reduzieren und sich umzeichnen lassen.

Erinnern Sie sich an Ihre Zeit in der Schule. Mit zehn oder zwölf Jahren haben Sie Geographie anhand eines herrlichen Atlasses gelernt. Auf den Karten waren die Länder mit allen kleinen und größeren Städten, den Inseln, den Kaps, den Golfen, den Flüssen und den Bergen abgebildet.

Wenn wir Profis vor einer Leinwand stehen, läßt sich unser Modell mit diesen Landkarten vergleichen.

Wenige Jahre zuvor, auf der Grundschule, haben Sie vielleicht mit wesentlich schematisierteren, anspruchsloseren Karten gearbeitet, auf denen die Küsten beinahe gradlinig erschienen. Als vereinfachtes Modell stellt sich auch der Rahmen unserer "Landkarte" dar.

Wie ist diese Vereinfachung zu erreichen?

ERSTER SCHRITT: DAS RAHMENRECHTECK

Jedes Modell, wie komplex seine Formen auch sein mögen, läßt sich in ein Quadrat oder ein Rechteck einschließen.

Ist dieses erste Rahmenrechteck vollkommen, sind die Maße und Proportionen, die es umfaßt, natürlich ebenfalls vollkommen. Seine Ausmaße müssen daher mit größter Sorgfalt berechnet werden.

Als erstes legen wir fest, wieviel Platz unsere Zeichnung einnimmt und wo sie auf dem Papier oder auf der Leinwand erscheinen soll. Das heißt, wir müssen uns entscheiden, ob wir viel oder wenig Rand lassen wollen und ob sie in der Mitte, oben, unten, rechts oder links auf dem Papier stehen soll. Mit Hilfe unseres rechteckigen Rahmens fällt das nicht schwer.

Die einzige Schwierigkeit besteht darin, die Maße – also die Höhe und die entsprechende Breite des Rahmens – zu ermitteln. Das bringt uns zu dem klassischen Problem der Proportionen und Abmessungen.

Um es zu lösen, müssen Sie sich vorstellen, daß das Modell völlig flach und von einer Art Eisendraht umgeben ist, dessen Höhe und Breite Sie nun berechnen sollen. Hier taucht natürlich die Notwendigkeit des Sehens ohne die dritte Dimension auf.

Sie wissen inzwischen ja, wie man die Höhe und Breite berechnet: Man nimmt einen Bleistift, einen Pinsel oder irgendeinen Stab in die Hand, streckt den Arm aus und mißt das Modell (zum Beispiel die Gesamtbreite) mit dem überstehenden Holz nach. Dann vergleicht man dieses Maß (hier also die Breite) mit einem neuen Maß (der Höhe). Anschließend stellt man fest, wie oft die Breite in der Höhe enthalten ist, und überträgt das Ergebnis auf das Papier.

Doch selbst wenn das Nachmessen mit Hilfe eines Stabs eine große Hilfe ist, so dürfen Sie sich doch nicht restlos darauf verlassen. Vergessen Sie nie, daß schon eine leichte Bewegung, während der Sie von einer Messung zur nächsten wechseln – zum Beispiel ein geringes Anziehen des Armes, ein leichtes Neigen des Körpers oder des Kopfes –, die Berechnung verfälschen kann.

Mißtrauen Sie dem eigenen visuellen Empfindungsvermögen! Ich erinnere hier nochmals an die Notwendigkeit, Ihr Auge zu trainieren und es anhand von praktischen Übungen zu erziehen. Zeichnen Sie immer wieder rechteckige Rahmen, und füllen Sie sie mit Skizzen, Grundlinien zur Umrahmung und Umreißen Ihres Modells. Auf diese Weise stellen Sie fest, ob Ihr Rahmenrechteck exakt ist oder nicht. Führen Sie diese Übungen auch ohne Bleistift oder Stab nur nach Augenmaß aus.

An Modellen wird es Ihnen nicht fehlen. Auch zu Hause können Sie ein Blatt Papier nach dem anderen mit Rahmenrechtecken "vollkritzeln" und das Berechnen der entsprechenden Höhe und Breite üben. Nehmen Sie die Mitglieder Ihrer Familie als Modell, während sie lesen, nähen oder sich einfach ausruhen.

Beginnen Sie gleich jetzt mit den Übungen zum Einrahmen der Modelle nach der Natur, und berechnen Sie dabei Höhe und Breite nach Augenmaß. Skizzieren Sie anschließend die Form, und überprüfen Sie die Maße. Befassen Sie sich derzeit nicht mit der Ausarbeitung der Zeichnungen.

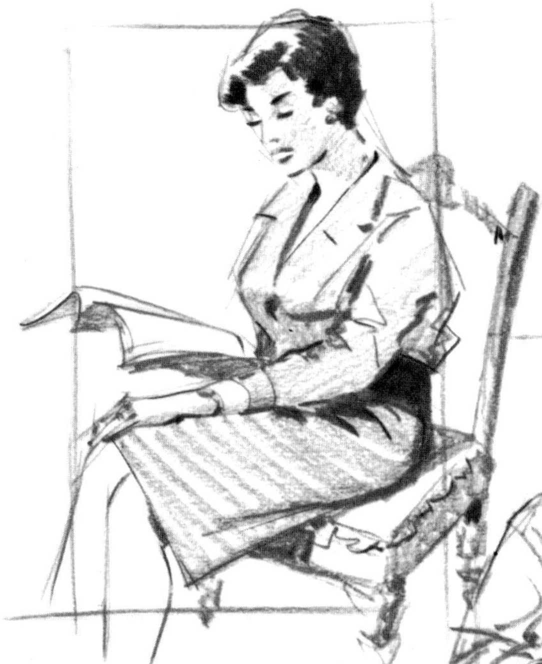

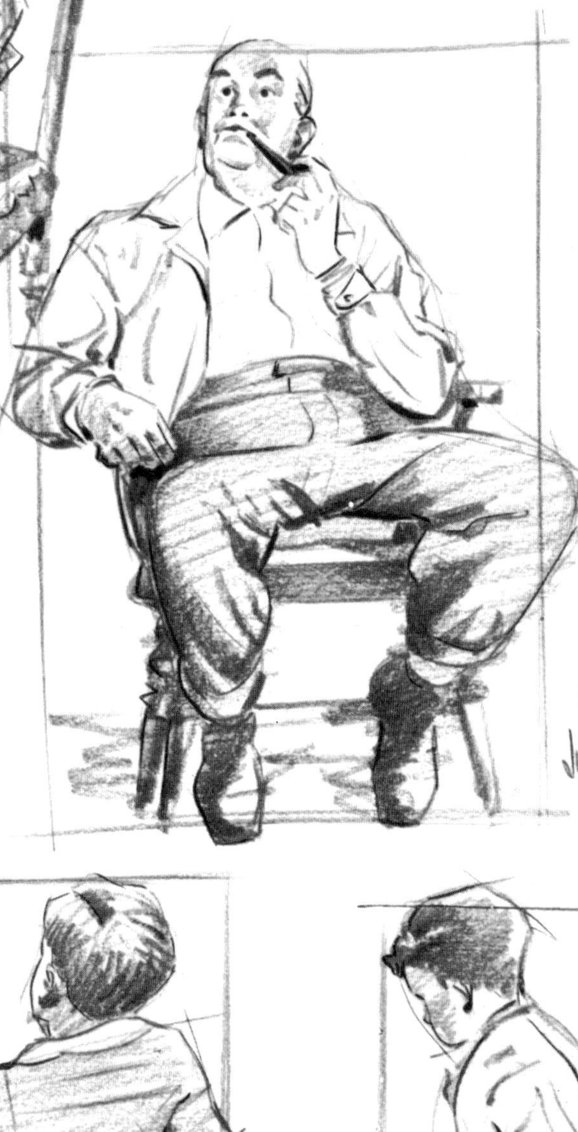

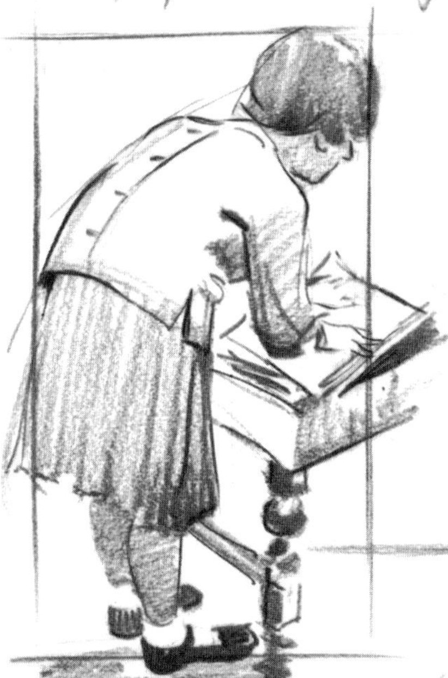

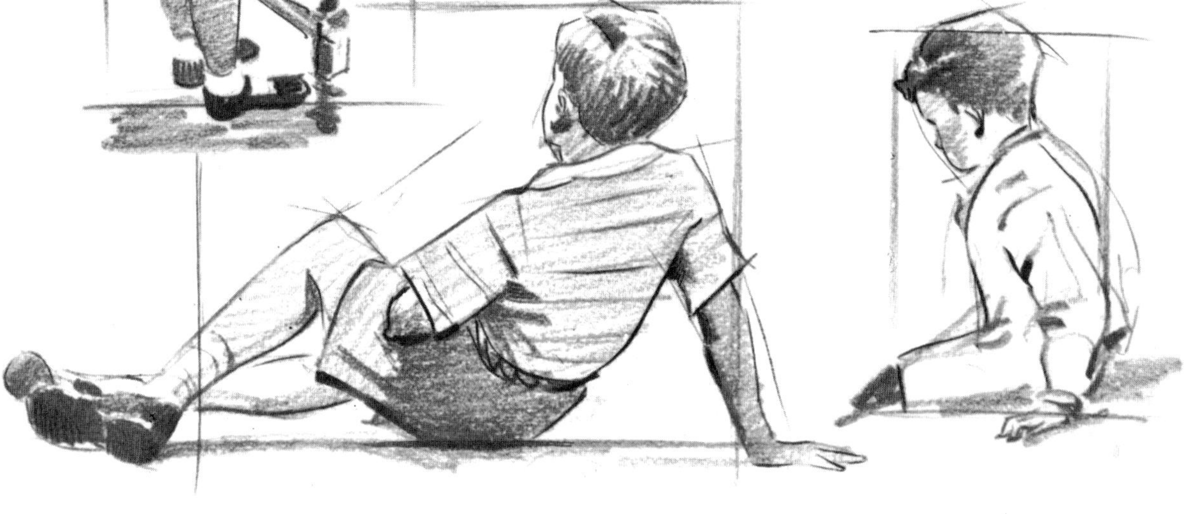

DER NORMALFALL: DAS RAHMENRECHTECK SCHLIESST DEN BLOCK EIN UND LÄSST DAS SEKUNDÄRE DRAUSSEN

Häufig besteht ein Modell aus einem Hauptkörper als Block und einigen sekundären Elementen darum herum.

Das ist zum Beispiel der Fall bei einem Menschen, der einen Arm

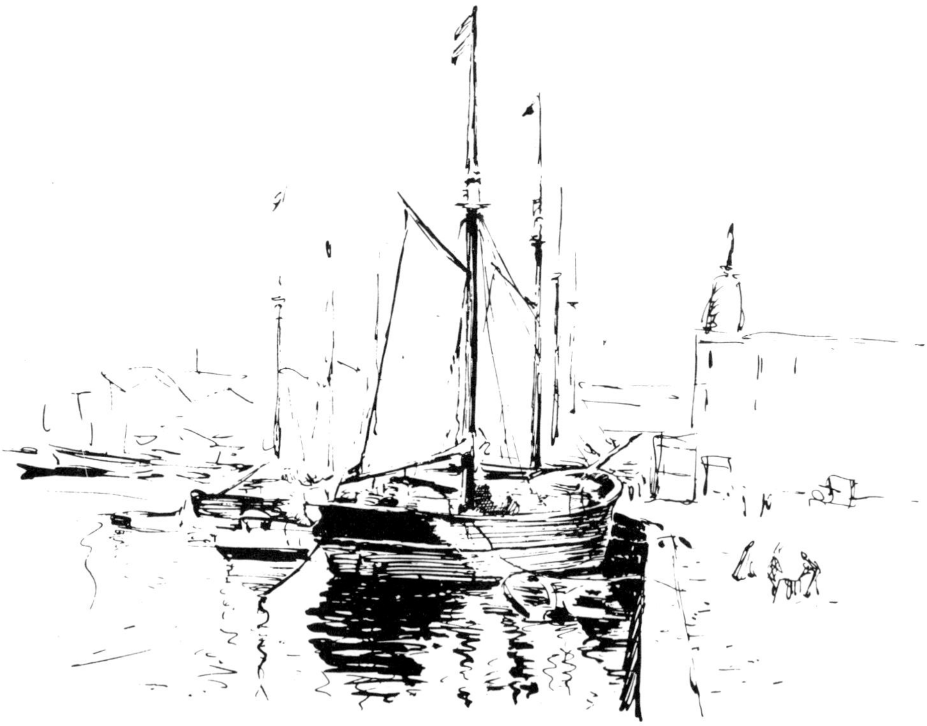

ausstreckt oder einen Stock mit sich führt, oder bei einem Haus mit einem Schornstein auf dem Dach etc.

Es ist leicht verständlich, daß die Umzeichnung in solch einem Fall nur den Hauptblock umfaßt und die sekundären Elemente draußen läßt. Ansonsten würde sich die Berechnung der Maße des Rahmens komplizieren, ohne daß sich daraus ein Nutzen für den Aufbau des Bildes ziehen läßt.

Ist der wesentliche Rahmen für den Hauptblock bestimmt, bereiten die Maße seiner Sekundärformen keine Schwierigkeiten mehr. Man braucht nur irgendein Maß innerhalb des ersten Rahmens als Anhaltspunkt zu wählen und auf die Sekundärformen zu übertragen.

Folgen Sie dieser Methode, umzeichnen Sie also den Hauptblock, und lassen Sie alles Sekundäre beiseite, werden Ihre Rahmen vermutlich nach und nach immer "reduzierter" und damit immer nützlicher. Haben Sie erst einmal eine größere Routine beim Umzeichnen erworben, betrachten Sie bald nicht nur gewisse sichtbar herausragende Teile als sekundäre Merkmale, sondern auch die leichteren Abweichungen in der Form.

Doch im Augenblick ist es für so etwas noch zu früh. Beschränken Sie sich derzeit darauf, die gesamte Form einzurahmen, und lassen Sie nur offensichtliche sekundäre Teile außerhalb. Nach einiger Zeit greifen Sie dann automatisch zu schematisierteren Linien und stützen sich nur noch auf die wesentlichen Formen des Modells.

ZWEITER SCHRITT: DER ANGEPASSTE RAHMEN

Bisher hat unser Rahmenrechteck den Umriß der Form, die wir zeichnen wollen, in sehr einfacher Weise begrenzt. Wir fahren jetzt mit einem angepaßteren Schema fort, das genauer einrahmt und geometrische Formen wie das Dreieck, Rauten, Kreise etc. einbezieht.

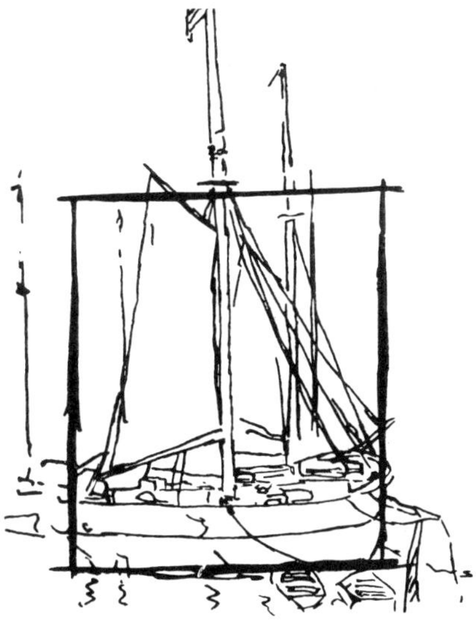

ERSTER SCHRITT: RECHTECKIGER RAHMEN

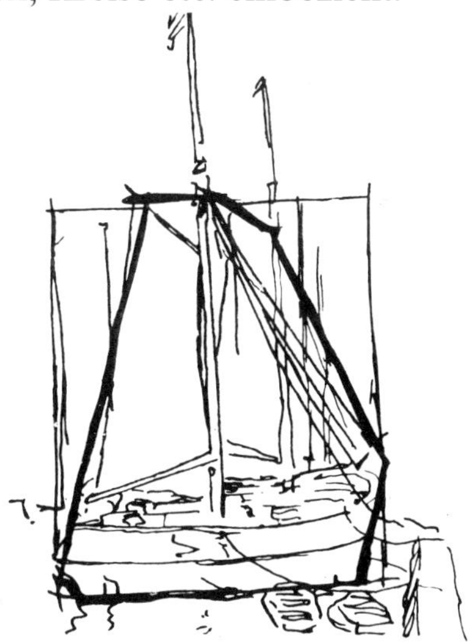

ZWEITER SCHRITT: ANGEPASSTER RAHMEN

Der Berufskünstler beginnt häufig sofort mit den angepaßten Rahmen und läßt das erste Stadium aus. Der Grund dafür ist, daß er sich als Profi das Rechteck vorstellen kann, ohne es zeichnen zu müssen. Er konstruiert also “innerlich”. Das gleiche gilt, wenn er ein Modell wählt, das sich aufgrund der Linienführung seiner Umrisse für eine unmittelbare Einrahmung anbietet.

Die Praxis muß Ihnen sagen, in welchen Fällen man sich das Leben nicht unnütz mit vorgeschobenen rechteckigen Rahmen zu komplizieren braucht. Ich wollte in diesem Buch den zweiten Schritt nicht vor dem ersten tun, damit Sie klar erkennen, worum es geht.

Um den angepaßteren Rahmen Ihres Modells zu SEHEN, rate ich Ihnen, eine deutlich erkennbare, dominierende Linie zu suchen, die als Stütze für die angepaßte Form dient. Versuchen Sie, diese Hauptlinie – die durchaus gebogen oder unterbrochen sein kann – zu begradigen. Kümmern Sie sich dabei nicht um Einzelheiten wie herausragende oder eingezogene Bestandteile. Vernachlässigen Sie auch die Ober- und Unterlängen des Modells; seien Sie großzügig, und vereinfachen Sie, soweit es geht. Stützen Sie sich auf diese Hauptlinie, um weitere aufzubauen. Wählen Sie, falls nötig, ein oder zwei weitere Linien, und bauen Sie den angepaßten Rahmen darauf auf.

Die Maße und die Proportionen erfordern immer große Sorgfalt. Wollen Sie einen perfekten Rahmen zeichnen, müssen Sie jede mentale Berechnung mit Hilfe der Bleistiftmethode überprüfen. Denken Sie daran, daß sich der angepaßte Rahmen innerhalb eines rechteckigen Rahmens befinden muß. Jetzt beginnt die Kontrolle der Maße untereinander, von der ich bereits gesprochen habe. Stellen Sie beim Zeichnen fest, daß ein angepaßter Rahmen nicht in den zuvor mit äußerster Genauigkeit berechneten rechteckigen Rahmen paßt, können Sie mit Sicherheit daraus *schließen,* daß Ihnen ein Rechenfehler unterlaufen ist.

Die Konsequenz daraus versteht sich von selbst. Da bleibt nur die erneute Kontrolle, mit der wir die genauen Maße und Proportionen ermitteln.

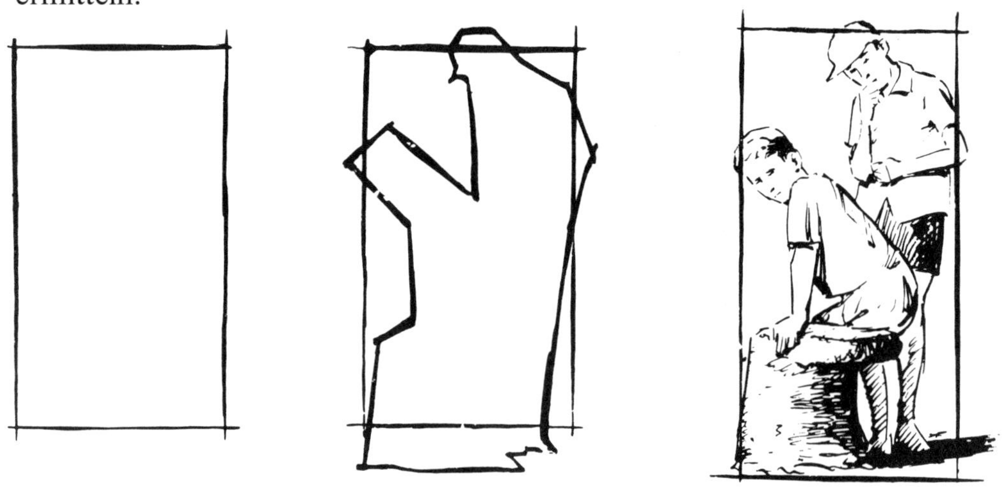

Sind Sie zufrieden? Können Sie behaupten, daß Ihr Rahmen endlich die Maße und Proportionen besitzt, die Sie an dem Modell erkennen? Wir werden es feststellen!

RADIEREN SIE ALLES WIEDER AUS, UND BEGINNEN SIE VON VORN

Sie haben richtig gelesen! Wir radieren alles wieder aus! Aber ACHTUNG! Radieren Sie nicht so weit, daß alle Linien, die Sie bisher gezeichnet haben, restlos verschwinden... Ich wiederhole: Radieren Sie so vorsichtig, daß Sie auf der Grundlage gewisser Hauptlinien, die das Modell vereinfachen, weiterzeichnen können.

Ideal wäre es, wenn Sie von vornherein so fein gezeichnet hätten, daß Sie das Modell jetzt – ohne zu radieren – im Innern noch einmal zeichnen können. Denn nun folgt als

DRITTER SCHRITT: DER WIRKLICHE RAHMEN

Nun sind wir endlich bei dem richtigen Rahmen angelangt, der der Form des Modells im Sinne einer Vereinfachung so nahe wie möglich kommt.

Es ist natürlich unmöglich, für diesen Rahmen eine konkrete Norm zu nennen. Jedes Modell ist ein Einzelfall, und der Künstler muß jedesmal neu festlegen, wie er vorgehen will. Ich kann Ihnen aber ein paar allgemeine Regeln geben, die sich wie folgt zusammenfassen lassen:

ALLGEMEINE REGELN FÜR DAS UMZEICHNEN

1. VEREINFACHUNG DER FORM DURCH UNTERBROCHENE LINIEN. Es kommt vor, daß eine der Hauptumrißlinien des Modells aus einer großen Krümmung besteht. Dann sollte man die Form dieser Krümmung genau studieren und die Linie von Anfang an dem Modell soweit wie möglich anpassen. Im allgemeinen wird der Umriß jedoch aus kleinen Winkeln und vor allem leichten, kurzen Krümmungen bestehen. Diese Form muß unter Weglassung der kleinen Krümmungen vereinfacht werden. Dafür zieht man unterbrochene Linien, die der Silhouette folgen und jenen "Korb" bilden, von dem Ingres sprach.

1

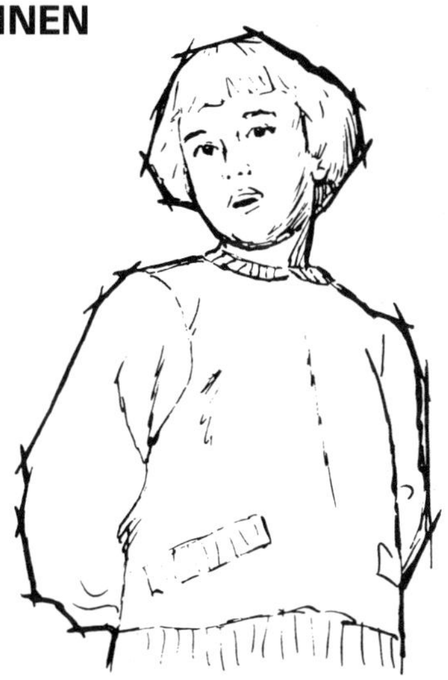

2. KREISE WERDEN MIT QUADRATEN UMZEICHNET. Und Elipsen mit Dreiecken und Rauten. Übertreiben wir die Vereinfachung mit Hilfe der geraden oder unterbrochenen Linien jedoch nicht: das wäre dann keine Vereinfachung mehr! Sehen wir am Modell einen Kreis – vorausgesetzt, er ist nicht zu groß –, muß er von einem Quadrat umzeichnet werden.

2

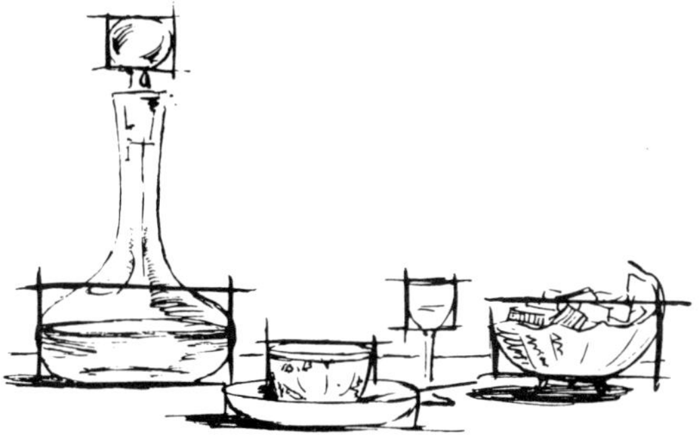

3. WÄHLEN SIE DIE HAUPTLINIEN FÜR DEN UMRISS. GEHEN SIE AUCH EINMAL "SCHRÄG HINÜBER". Bleiben Sie nicht immer außerhalb der Form, und halten Sie sich nicht ständig an den Umriß, wenn Sie eine unterbrochene Linie zeichnen. Gehen Sie im Gegenteil "schräg hinüber", lassen Sie also die kleinen Einbuchtungen und Vorsprünge unbeachtet. Wählen Sie den Mittelweg, wie es bei den beinahe begradigten Küstenlinien auf den Landkarten für Grundschüler geschieht. Erinnern Sie sich?

3

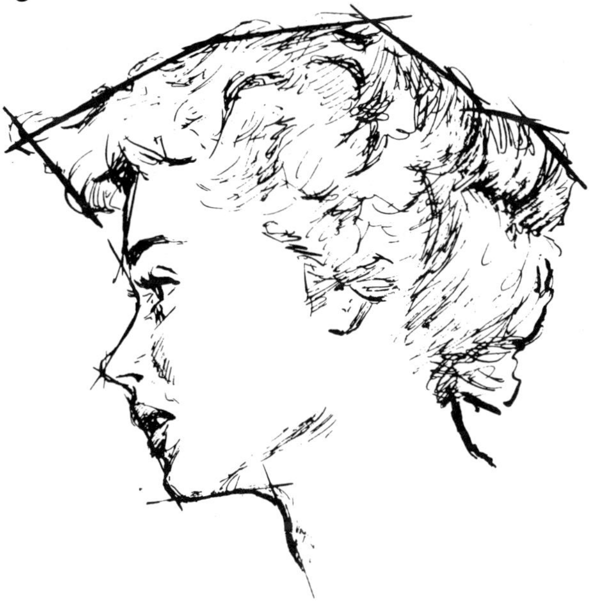

4. STELLEN SIE SICHER, DASS JEDE LINIE DIE KORREKTE LÄNGE BESITZT. Begehen Sie nicht den Fehler zahlreicher Anfänger, und sagen Sie sich nie: "Das zeichne ich später noch genauer." Aus vielen Fehlern kann am Ende nichts Richtiges werden! Hier sollte an die Worte von Reynold erinnert werden, der zu seinen Schülern sagte: "Wenn Sie beim Zeichnen mit dem Bleistift die Form unter dem Vorwand vernachlässigen,daß Sie sie später mit dem Pinsel richtig anlegen werden, sind Sie ein schlechter Maler." Das Bild muß vom ersten Strich an gut aufgebaut und immer wieder kontrolliert werden. Nur dann kann man eine Linie auf die andere stützen und eine Form als Grundlage zum Aufbau weiterer Formen verwenden.
Auf diese Weise behalten Sie eine ständige Kontrolle über das bisher Gezeichnete und den Fortgang Ihrer Arbeit und stellen sicher, daß Ihre Zeichnung so korrekt wie möglich wird.

VIERTER SCHRITT: DIE UMZEICHNUNGSLINIEN INNERHALB DES FLACHEN ODER GEOMETRISCHEN RAHMENS

Wir befassen uns jetzt mit dem Innern des "Korbs", also mit dem Innern unseres Rahmens.

Sehen wir das Modell genau an. Gewiß heben sich einige Hauptlinien aus der Gesamtheit der inneren Formen heraus. Viele dieser Linien sind konkret definiert: bei einem Menschen zum Beispiel durch einen Arm, den Ausschnitt eines Kleides, die Krawatte eines Mannes etc. Andere sind vielleicht die Folge des Spiels von Licht und Schatten. Die Begrenzungen von Schatten, die sich auf jedem Modell befinden, bieten sich häufig ausgezeichnet als Umzeichnungslinien an. Das geht soweit, daß diese Linien bei Modellen mit sehr ausgeprägten Licht- und Schattenkontrasten die Grundelemente der Einrahmung darstellen.

Vergessen Sie nicht, daß wir immer noch beim Einrahmen, also beim Vereinfachen der Form sind. Es bringt gar nichts, wenn wir in diesem Stadium mit absoluter Präzision zeichnen. Wir müssen hier genauso vorgehen wie bei dem ersten Schritt und ebenfalls die Regeln für die allgemeine Einrahmung anwenden (siehe Seite 53).

Beim Umzeichnen der Formen innerhalb des Rahmens kommen Sie nicht darum herum, die exakte Länge jeder Linie zu ermitteln und genau zu überprüfen, denn nun macht sich bereits die "Ähnlichkeit" mit dem Modell bemerkbar. Handelt es sich zum Beispiel um ein Porträt, ergibt die Rahmenlinie des Kinns einen mehr oder weniger länglichen Kopf. Zeichnen wir eine Frau, bestimmt die Rahmenlinie für die Brüste je nach ihrer Lage einen schlanken oder fülligen Oberkörper. Natürlich kann man solche Fehler noch während des weiteren Aufbaus der Zeichnung, zum Beispiel während des Schattierens, korrigieren. Aber es ist entschieden besser, dies sofort zu tun... Sie wissen, was passiert, wenn man ein Lied mit einer falschen Note lernt: Will man das anschließend korrigieren, vergißt man die richtige Note ständig und kehrt, ohne es zu wollen, immer wieder zum falschen Ton zurück.

LETZTER SCHRITT: DIE ANALYSE DES AUFBAUS

Wir beenden die Umzeichnungsarbeit mit einer eingehenden Analyse des Modells und umzeichnen weitere Blöcke, und zwar immer noch im vereinfachenden Sinne. Dabei kommen wir langsam vom Großen zum Kleinen und nähern uns immer stärker den Details.

Dies ist der Augenblick, bei einem Gesicht die Formen für die Augen, die Nase und den Mund zu plazieren und zu zeichnen, und bei einem Stilleben zum Beispiel die Verzierungslinien eines Möbelstücks, einer Vase oder eines Gebäudes anzubringen.

Konzentrieren wir uns hier zum besseren Verständnis der Analyse des Aufbaus eines Modells auf ein Gesicht. Erinnern wir uns in diesem Zusammenhang an Ingres' Rat an seine Schüler:

> **"Der Anfang muß immer bereits der Ausdruck des Endes sein. Alles muß so begonnen werden, daß man es jederzeit der Öffentlichkeit vorführen kann und es bereits eine gewisse Ähnlichkeit aufweist, die sich in der Folge noch verstärkt."**

Wer ein Studium an einer Kunstakademie absolviert hat, großen Meistern bei der Arbeit zusehen konnte und dort selbst Erfahrung mit dem Zeichnen gesammelt hat, wird die Absicht, die hinter diesem Ratschlag steckt, längst erkannt haben.

Ingres führt damit so schlechte Ratschläge wie "oben anfangen und unten aufhören" ad absurdum, die leider immer noch von unerfahrenen Professoren gegeben werden – so etwa von jenem Lehrer, der seinen Schülern erklärte: "Wenn Sie oben beginnen und unten aufhören, vermeiden Sie, daß Sie Ihre Zeichnung verschmutzen, indem Sie mit der Handfläche über bereits gezeichnete Teile streifen."

Die beste Methode, eine wirklich künstlerische Zeichnung zu erhalten, besteht darin, so zu verfahren, daß sie zu jedem Stadium ihrer Entwicklung immer "fertig" ist – "fertig" als Eingangsskizze, "fertig", wenn alle Umrisse festgelegt sind, und dann endgültig "fertig". Das Werk darf sich nicht stückweise entwickeln, es muß *immer als Ganzes betrachtet* werden.

Sie werden zum Beispiel nie erleben, daß ein echter Berufskünstler ein Ohr zeichnet und so lange weiterarbeitet, bis es fertig ist; daß er sich dann dem zweiten zuwendet und ebenso verfährt, sich anschließend der Lippen bemächtigt und erst etwas Neues beginnt, nachdem er sie völlig ausgearbeitet hat. Dies ist ein Fehler, den Hobbymaler häufig begehen.

Nein, Sie müssen alles gleichzeitig gestalten. Auf diese Weise zeichnet sich das Bild als Ganzes immer stärker ab; es formt sich und wird nach und nach mit Einzelheiten angereichert. Nur so entsteht ein echtes Kunstwerk.

Die vereinfachte Konstruktion darf nicht mehr sein, als ihr Wortlaut bedeutet. Sie litte darunter, wenn man sich zu lange bei einem Auge, bei der Netzhaut, den Lidern, den Wimpern und so fort aufhielte. NEIN!

Die vereinfachte Konstruktion ist

eine detaillierte Zeichnung aus Formen, die keine andere Funktion haben, als die richtige Lage und die korrekten Proportionen anzugeben.

Mit Hilfe dieser kleinen Rahmen für Auge, Nase, Ohr und Mund, der feinen Linien für die Wimpern, der Begrenzung der Haare und des Gesichtes genau am richtigen Platz und in den richtigen Proportionen entsteht – wie Ingres sagte – bereits "jene Ähnlichkeit, die sich in der Folge noch verstärkt".

GLEICHZEITGES SCHATTIEREN UND UMZEICHNEN

Während der Analyse und des vereinfachten Aufbaus der Zeichnung empfiehlt es sich in manchen Fällen, bereits mit dem Schattieren zu beginnen – genauer gesagt, manche Rahmen durch Schattierung anzulegen. Das geschieht folgendermaßen:

Halten Sie den Bleistift so in der Hand, daß die Miene flach aufliegt und der Strich sehr breit wird. Die *genaue* Größe der Schattenzone und die Einzelheiten im Spiel von Licht und Schatten oder von hellem und dunklem Grau sind in diesem Stadium noch bedeutungslos.

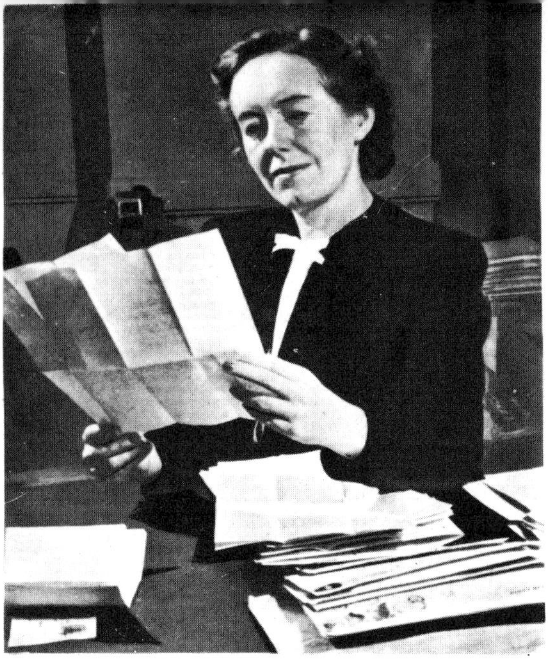

Erster Schritt: Wir umgeben das gesamte Modell mit einem rechteckigen Rahmen und lassen dabei die sekundären Formen außer acht.

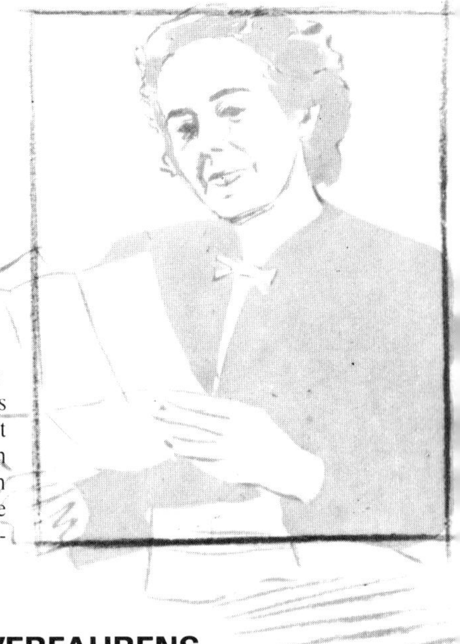

BILDHAFTE DARSTELLUNG DES UMZEICHNUNGSVERFAHRENS MIT HILFE EINES LINEAREN RAHMENS

Zweiter Schritt: Um einen angepaßten Rahmen zu zeichnen, suchen wir in dem Modell eine oder mehrere Hauptlinien (A), anhand derer wir den Rahmen (B) unter ständiger Kontrolle der Maße und Proportionen aufbauen (C und D).

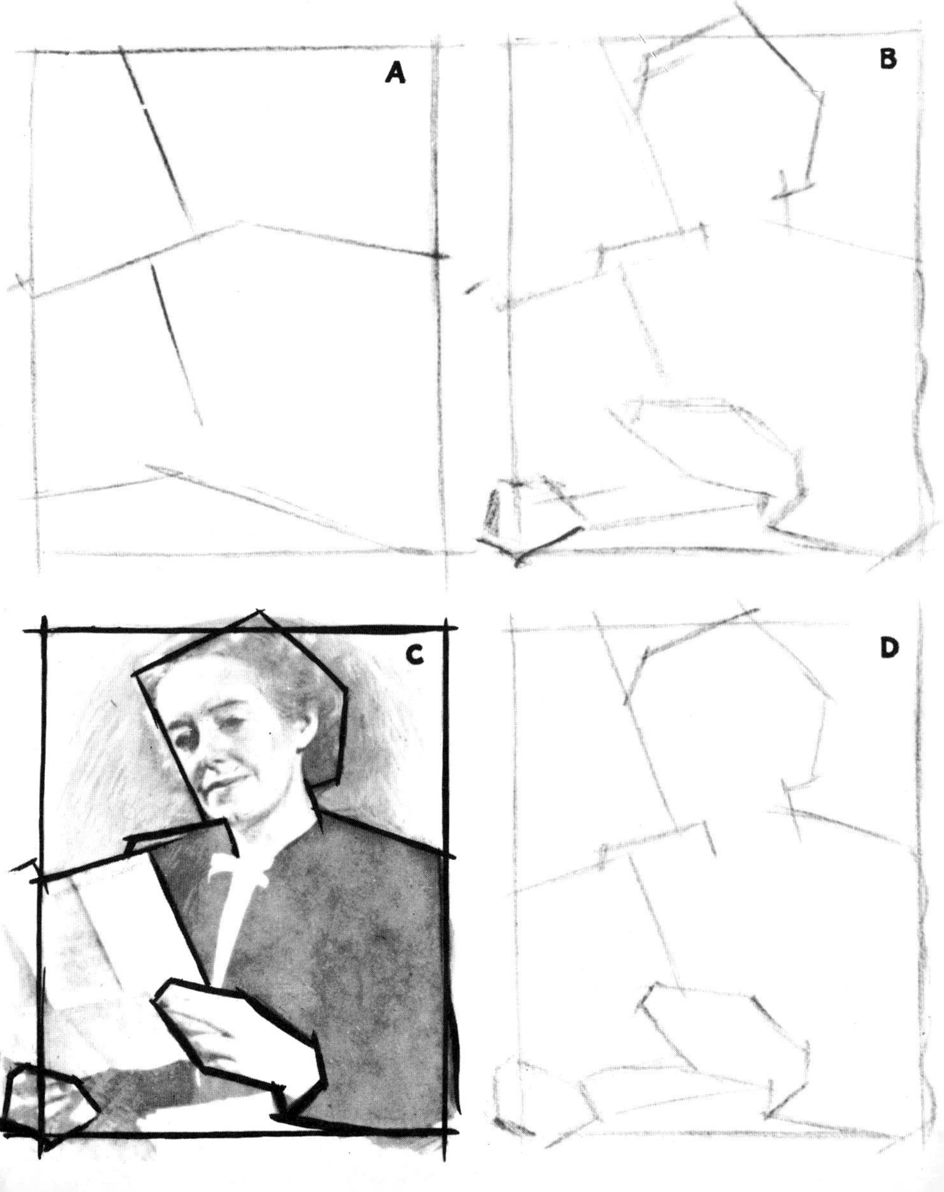

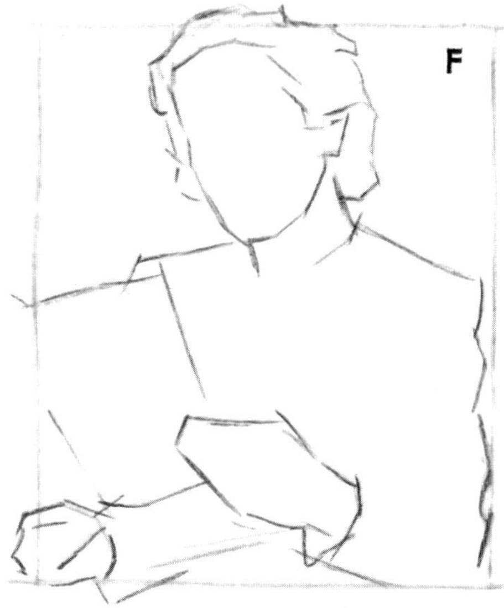

Dritter Schritt:
Wir radieren das Gezeichnete vorsichtig aus (E) und beginnen noch einmal mit dem wirklichen Rahmen. Dabei vereinfachen wir die Umrisse durch unterbrochene Linien (F) und Querverbindungen (G). Gleichzeitig berechnen wir ständig die genauen Maße jeder einzelnen Linie (H).

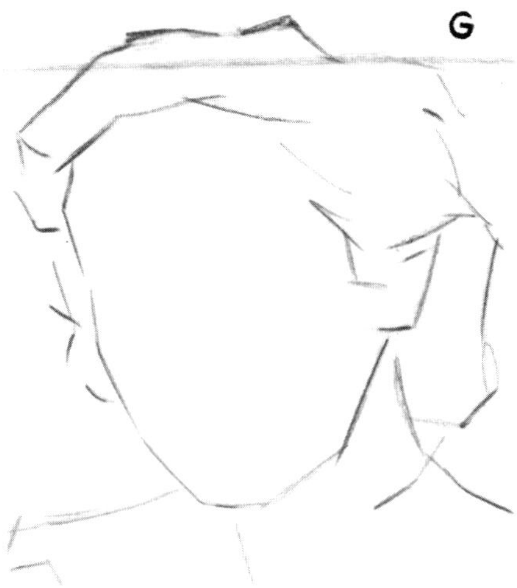

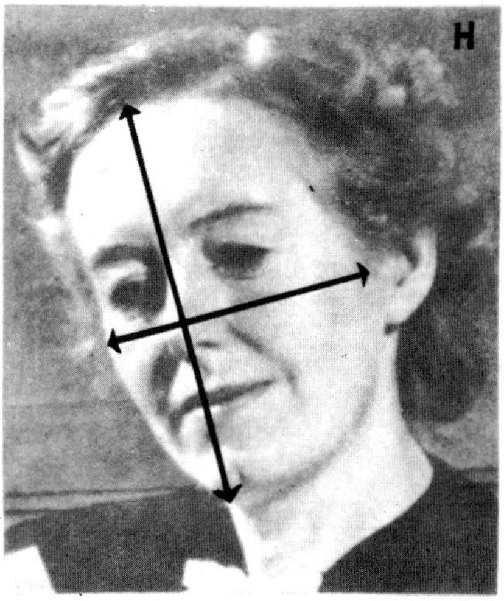

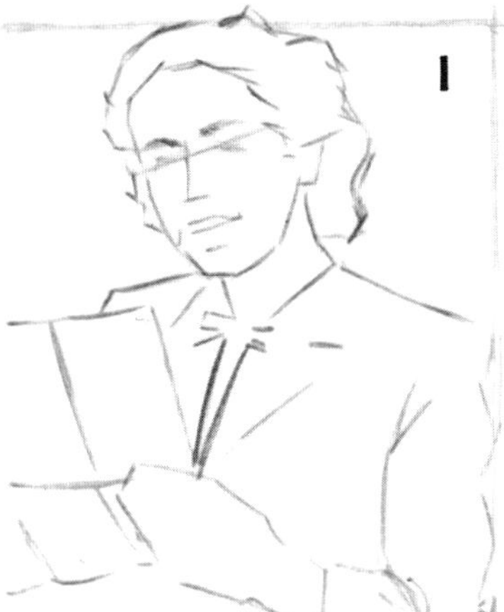

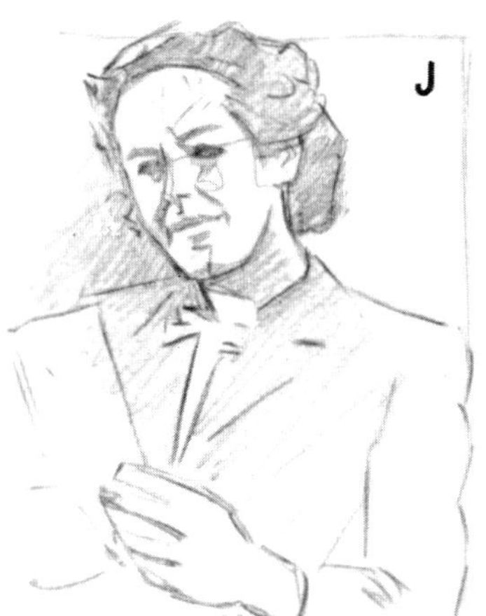

Vierter Schritt:
Wir fahren fort und zeichnen den Rahmen innerhalb des Umrisses, plazieren die Hauptlinien (I), legen die Züge und die Einzelheiten vereinfacht an (J) und beenden die Zeichnung, indem wir sie "tönen", also schattieren.

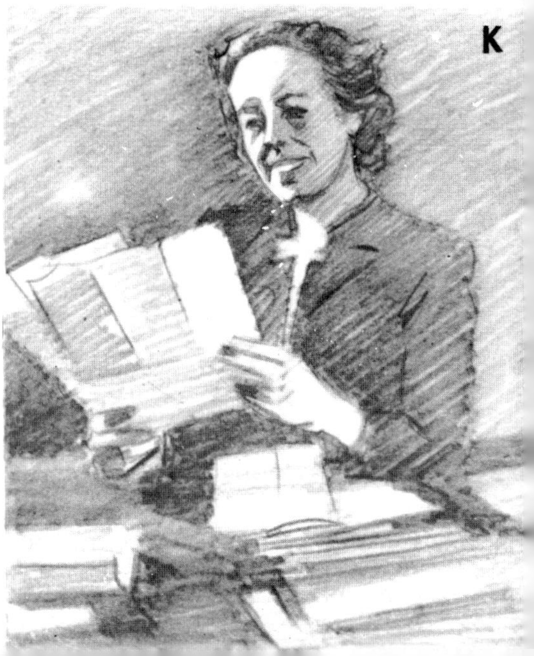

Verstehen Sie, worum es bei diesem Schattieren innerhalb des Umzeichnens geht? Auch das Spiel von Licht und Schatten muß vereinfacht werden! Versuchen Sie, die großen Licht- und Schattenflächen herauszufinden, als gäbe es auf dem Modell nur zwei, allerhöchstens drei Töne, nämlich Weiß, Grau und Schwarz. Schattieren in diesem Stadium bedeutet jedoch nicht, daß Sie mit einem mittleren Grau oder einem absoluten Schwarz arbeiten. Beachten Sie das unbedingt!

Entstehen soll eine mittlere Graufläche, die durch ein helleres Grau schraffiert worden ist. Trotzdem muß man an dem mittleren Grauton erkennen können, wo das Schwarz dominiert, das man später nach Abschluß der Umzeichnungsarbeiten, wenn man die Schatten endgültig festlegt, intensiviert.

Natürlich können Sie bei diesem Umzeichnen jedesmal die ganze Tonskala, die in Ihrem Modell vorhanden ist, darstellen. Achten Sie jedoch darauf, das dies leicht und sorgfältig geschieht. Durch das Umzeichnen des Modells mit Hilfe von Schatten beginnen wir, es räumlich zu sehen. Dadurch erfassen wir es besser und nähern uns seinen Formen und damit der Ähnlichkeit. Das verhilft uns zu einem noch sichereren Aufbau.

Die Arbeit des Umzeichnens ist damit beendet. Was jetzt folgt, gehört schon zum eigentlichen Zeichnen mit allen Einzelheiten – zu denen man nach und nach "gleichzeitig" kommen sollte – und seinen Problemen von Licht, Schatten und Atmosphäre. Das werden Sie in einer fortgeschritteneren Stunde erlernen.

Wir haben den gesamten Prozeß der Einrahmung und des Aufbaus einer Zeichnung von dem linearen oder geometrischen Rahmen bis zu seiner Fertigstellung verfolgt. Jetzt wollen wir uns dem Aufbau einer Zeichnung mit Hilfe eines blockartigen oder räumlichen Rahmens zuwenden.

Erlauben Sie jedoch, daß ich einen Augenblick von etwas anderem spreche, das mir auf der Zunge brennt, seit wir mit dem Problem der Einrahmung begonnen haben. Es handelt sich um

DIE GEISTIGE HALTUNG DES KÜNSTLERS BEIM UMZEICHNEN SEINES MODELLS

Was macht und denkt der Künstler, während er den obenerwähnten Prozeß ablaufen läßt? Wie arbeitet er? Schnell oder bedächtig? Fröhlich oder besorgt?

Ich habe mit Entsetzen festgestellt, daß ich nach mehreren Tagen des Nachdenkens, der Vorplanung und des Experimentierens vier Stunden benötigt habe, um ein Verfahren zu erklären, das wir in der Praxis in wenigen Augenblicken, ja in nicht einmal zehn Minuten erledigen.

Das führt bereits zur ersten Grundbedingung, damit die Einrahmung und der Aufbau einer Zeichnung gelingen:

SCHNELLIGKEIT

Wie hält man den Stift? Welchen Abstand benötigt man zum Modell? Welche Haltung soll der Zeichner einnehmen? All diese Fragen müssen bei Beginn der Umzeichnungsarbeiten vollständig gelöst sein. In diesem

Augenblick muß der Künstler seine gesamte Aufmerksamkeit darauf richten, *was* er tut, und nicht darauf, *wie* er es tut. Er muß mit leichtem, aber sicherem – und zwar absolut sicherem – Strich zeichnen und mit großer manueller, aber auch geistiger Schnelligkeit arbeiten. Das bedeutet jedoch nicht, wie viele Hobbymaler glauben, daß es sich um eine Art Taschenspielertrick handelt. Der Künstler muß sich von seiner Arbeit völlig gefangennehmen lassen und voraussetzen, daß er sein Handwerk beherrscht. Vergessen Sie nie: Sie können eine ganze Menge, wenn Sie sich Ihrer Tätigkeit mit Leib und Seele hingeben! Arbeiten Sie rasch, aber präzise. Verbinden Sie Schnelligkeit mit der zweiten Grundbedingung, dem

KOPFRECHNEN

Berechnen Sie pausenlos die Maße und die Proportionen. Ihre Augen gehen hin und her, sie springen von hier nach dort, von einer eben gezogenen Linie zu einer vorherigen, von einer neu ermittelten Position zu einer bereits früher festgelegten Stelle.

Ihre Augen müssen mit der Präzision eines Uhrwerks ermitteln, überprüfen und vergleichen. IMMER WIEDER VERGLEICHEN. Der Künstler vergißt in diesem Augenblick alles um sich herum. Ich habe Maler erlebt – und mir ist es ebenso ergangen –, die so bizarre Haltungen einnahmen, Grimassen schnitten und den Mund verzogen, daß ihr Modell zu lachen begann. Aber was macht das schon? Auf diese Weise wird man der dritten Grundbedingung für das gute Umzeichnen gerecht, dem

SYNTHETISCHEN SEHEN

Und das in einem wahren schöpferischen Fieber! Umarmen Sie das gesamte Modell mit einem Blick. Erkennen Sie auf Anhieb, was es ist: ein Zusammenspiel von Formen. Nicht umsonst empfiehlt Ingres seinen Schülern: "Zeichnen Sie weit entfernt vom Modell; verwandeln Sie sich in einen Riesen, der alles überragt und alles sieht." Im Alltagsleben sind wir es nicht gewöhnt, die Dinge als Ganzes zu betrachten. Hier bedarf es schon einer Anstrengung. Man muß eine Linie zeichnen und gleichzeitig alle anderen im Auge behalten; man sieht einen einzelnen Körper und ordnet ihn automatisch in das Ganze ein. Gehirn und Augen berechnen pausenlos die Höhe und Breite dessen, was wir zeichnen, und vergleichen es mit dem Gesamtbild.

So, das wäre gesagt, und trotzdem bin ich nicht zufrieden. Ich habe die vorigen Absätze mehrmals redigiert und dabei versucht, die Geisteshaltung des Künstlers beim Umzeichnen zu erklären. Letzten Endes mußte ich einsehen, daß sich diese beinahe psychische Reaktion einfach nicht in Worte fassen läßt. Aber einer Sache bin ich mir sicher: Alles, was der Künstler tut, kann man in den Schlagwörtern dieser drei Absätze, den Grundbedingungen, zusammenfassen:

Schnelligkeit Kopfrechnen synthetisches Sehen.

Beherzigen Sie diese Bedingungen, und setzen Sie sie auf Ihre Weise in die Praxis um. Sie bilden die eigentlichen Grundlagen des Zeichnens, ohne die alles, was ich bisher gelehrt habe, unnütz ist.

DER BLOCKARTIGE ODER WÜRFELFÖRMIGE RAHMEN

Wenn immer wir einen Gegenstand oder einen Körper zeichnen wollen, der sich ober- oder unterhalb unserer Augenhöhe befindet, kommt die Perspektive ins Spiel und bedingt die räumliche Umzeichnung durch einen Würfel oder ein Parallelepiped (Würfel mit rechteckigen Seiten).

Das trifft in der Regel zu für

— etwas kleinere Gegenstände, die man auf einen Tisch stellen kann, also Vasen, Schalen, Gläser, Teller, Flaschen, Bücher, Schachteln etc.;

— alle Gegenstände mittlerer Größe, die auf dem Boden stehen und niedriger sind als ein Mensch, also Stühle, gewisse Möbelstücke, Maschinen, Autos, Karren etc.;

— den Körper des Menschen, wenn wir ihn von oben oder unten betrachten;

— Körper im allgemeinen, einschließlich Häuser und Denkmäler, deren Grundform aus einem Würfel, einem Zylinder, einer Kugel, einem Kegel o. ä. besteht.

Dagegen kann ein Mensch in normaler Höhe — also in Höhe unserer Augen — nicht blockartig eingerahmt werden. Auch eine Blume eignet sich, selbst wenn sie sich unterhalb unserer Augenhöhe befindet, nicht dazu. Ihre komplexe und uneinheitliche Form ließe sich schlecht in einen Würfel fassen. Dasselbe gilt für einen Stein, einen Baum, eine Pflanze, ein Felsmassiv etc.

VORAUSSETZUNG IST DAS ERKENNEN EINES WÜRFELS IN ALLEN GEGENSTÄNDEN

Erinnern Sie sich an Cézannes berühmten Ausspruch: “Man muß jede Form eines Gegenstandes auf die eines Würfels, eines Zylinders oder einer Kugel zurückführen können.”

Das Zeichnen eines Würfels, eines Zylinders oder einer Kugel ist zwangsläufig mit der Perspektive verknüpft.

Bei Ihrem Stand des Studiums dürfte Ihnen das Zeichnen eines perspektivischen Würfels ja keine Schwierigkeiten mehr bereiten — zumindest nicht, wenn Sie die Übungen, die ich Ihnen zu diesem Thema genannt habe, sorgfältig durchgeführt haben. Hier kommt also nur noch eines hinzu:

Erkennen Sie in allen Körpern einen Würfel

Stellen Sie sich den Würfel wie einen Glaskasten vor, der die Form des Modells umfaßt. Der Würfel ist eine Sonderform des rechteckigen Blocks — wie das Quadrat eine Sonderform des Rechtecks ist. Wie Sie vom Quadrat zu den anderen geometrischen Formen kommen, können Sie vom Würfel zu einem Zylinder, einem Kegel oder einer Kugel gelangen.

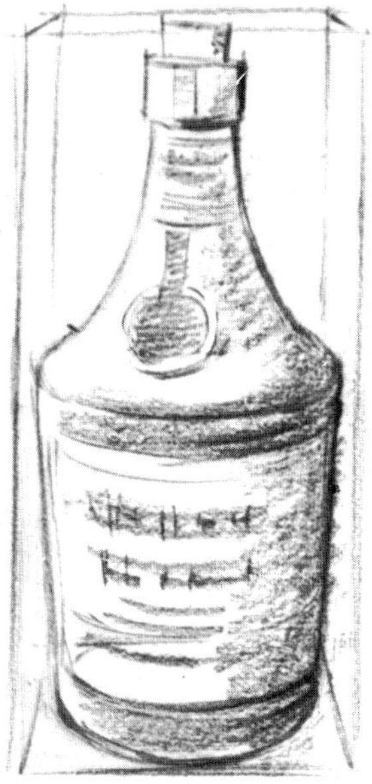
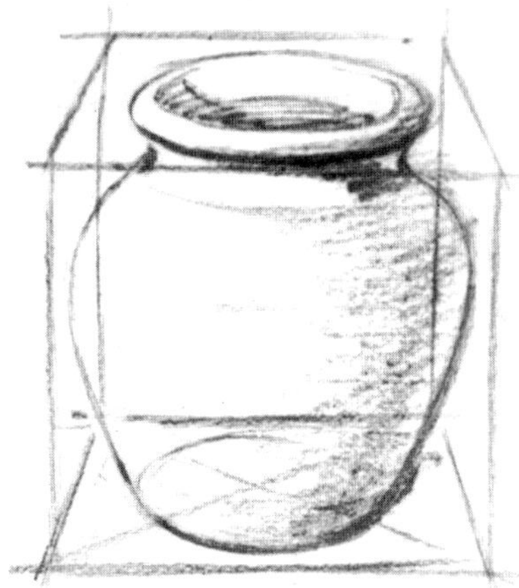
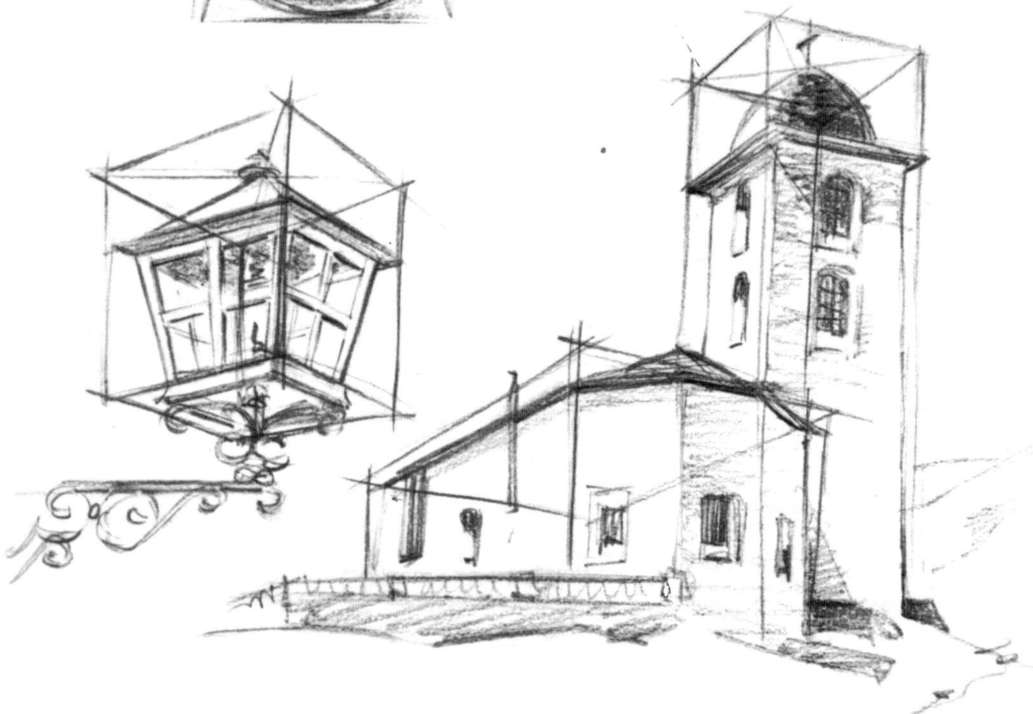
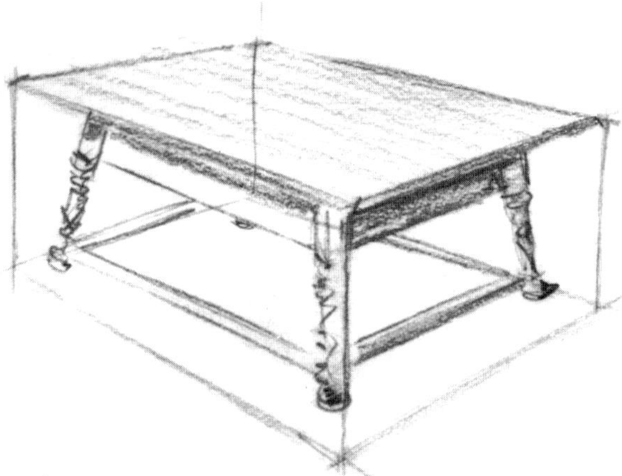

Unzählige Dinge, von einer Vase bis zu einem Gebäude, sind im wesentlichen wie ein Würfel oder wie ein Parallelepiped angelegt. Wie Sie sehen, lassen sich die zylindrischen, die runden und die kegelähnlichen Formen damit einrahmen.

Diese Basisformen liegen unzähligen Gegenständen zugrunde, wie auf der gegenüberliegenden Seite zu erkennen ist.

DIE BLOCKARTIGE EINRAHMUNG DES MENSCHLICHEN KÖRPERS

Wenn immer ein menschlicher Körper aus einem Blickwinkel gezeichnet wird, der ober- oder unterhalb unserer Augenhöhe liegt, macht sich die Perspektive bemerkbar. In solchen Fällen sollte er mit einem Würfel oder einem anderen Block umzeichnet werden. Das Problem der perspektivischen Verkürzung läßt sich am besten durch die Einrahmung mit Hilfe

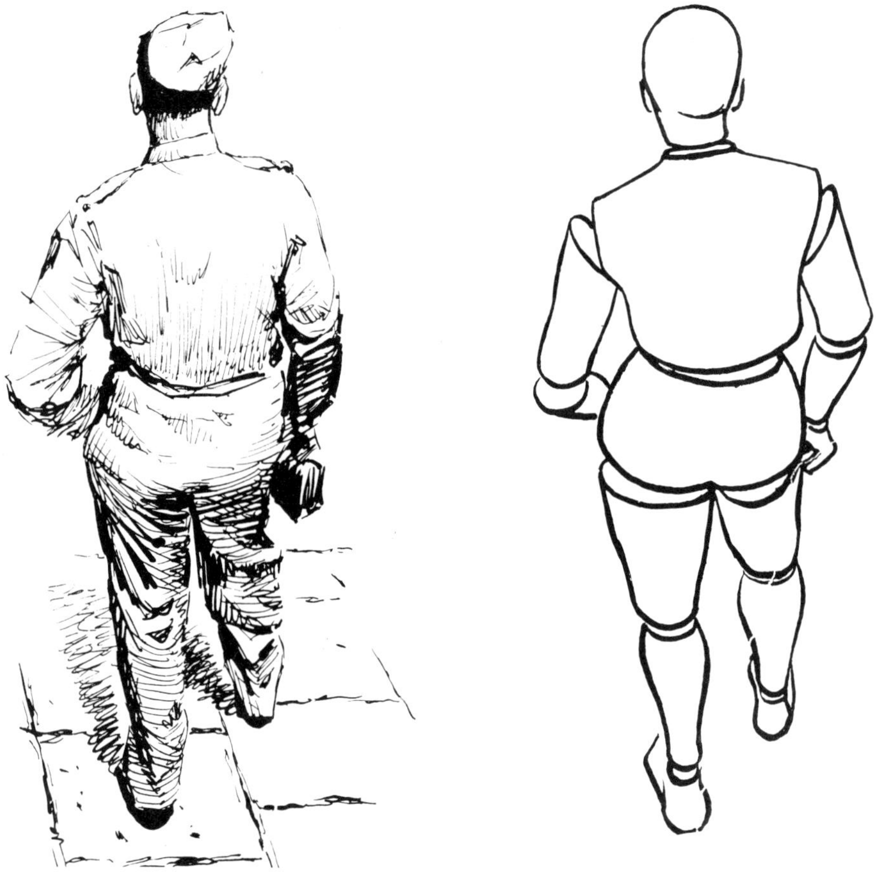

von Kreisen und Zylindern lösen, da der menschliche Körper einschließlich seiner Extremitäten im wesentlichen aus "beweglichen Zylindern" besteht.

DIE BEDEUTUNG DER "GLASKÖRPERMETHODE"

Ganz gleich, ob Sie von einem linearen bzw. geometrischen oder von einem blockartigen bzw. räumlichen Rahmen ausgehen: Wenden Sie die "Glaskörpermethode" an, und bauen Sie den Körper so auf, als wäre er durchsichtig.

Das gilt nicht nur für das Zeichnen eines einzelnen Modells, sondern auch für ein Stilleben aus mehreren Teilen, das Innere eines Zimmers oder selbst für eine Gruppe von Menschen.

Sehen wir uns das anhand von drei Beispielen näher an:

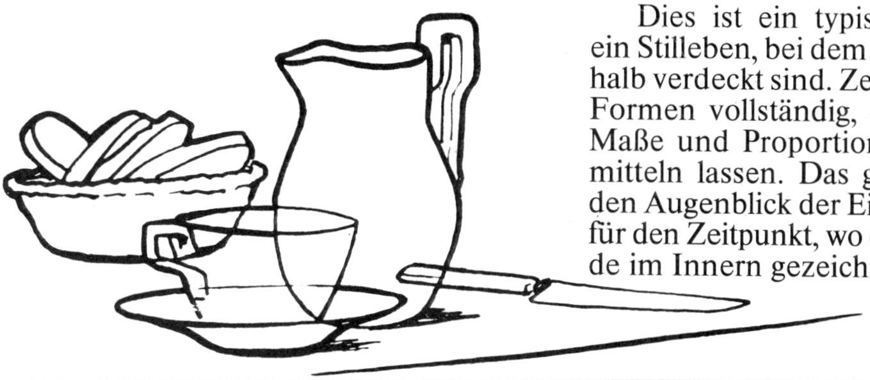

Dies ist ein typisches Beispiel: ein Stilleben, bei dem einige Formen halb verdeckt sind. Zeichnen Sie alle Formen vollständig, damit sich die Maße und Proportionen richtig ermitteln lassen. Das gilt ebenso für den Augenblick der Einrahmung wie für den Zeitpunkt, wo die Gegenstände im Innern gezeichnet werden.

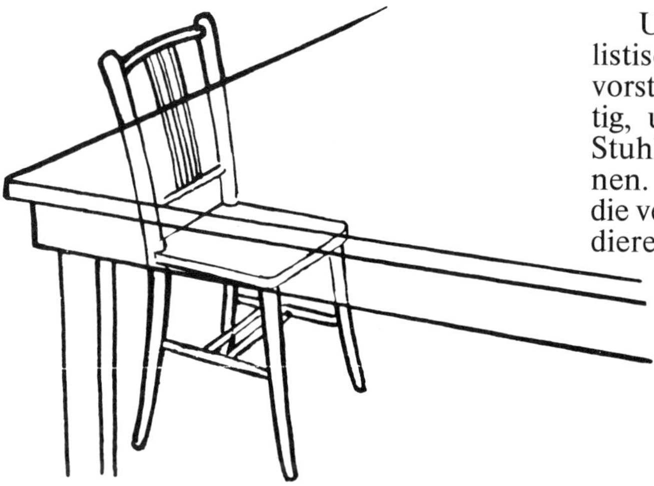

Um diesen Stuhl genau und realistisch anzulegen, muß man sich vorstellen, der Tisch wäre durchsichtig, und sowohl ihn als auch den Stuhl mit absoluter Präzision zeichnen. Anschließend kann man dann die verborgenen Linien wieder ausradieren.

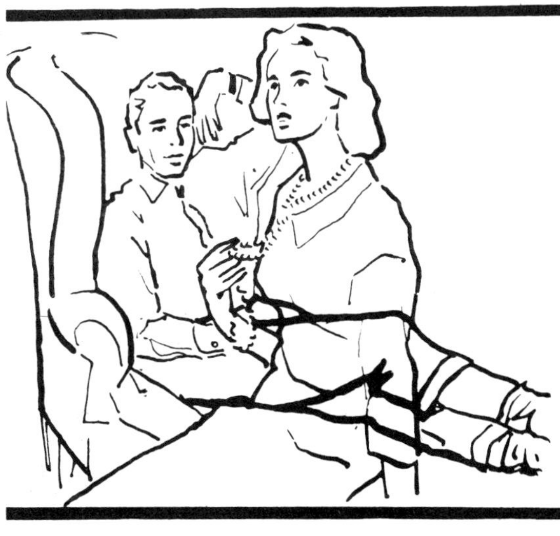

Selbst bei hintereinandersitzenden Personen zeichnet man die vorderen am besten so, als wären sie durchsichtig. Dadurch bleiben auch die halbverdeckten Proportionen exakt. Ein totaler Aufbau der unsichtbaren Teile ist jedoch nicht unbedingt erforderlich – das hängt von der Erfahrung des Künstlers ab. Zumindest müssen aber die Anhaltslinien gezeichnet werden, denn sie machen das Einrahmen und den Aufbau erst mit absoluter Präzision möglich.

"LERNE DEIN MODELL KENNEN, BEVOR DU ES ZEICHNEST."

Dieser Ausspruch von Delacroix faßt die ganze Kunst des Aufbaus und des Zeichnens in wenigen Worten zusammen.

Er erklärt, weshalb Breughel d. Ä. eine Vorliebe für Stilleben entwikkelte, Renoir heute vor allem mit nackten Menschen in Verbindung gebracht wird und Degas hauptsächlich Tänzerinnen darstellte. Murillo wurde der "Maler der Jungfrau" genannt, und Dali schuf zahlreiche religiöse Gestalten in gewagten perspektivischen Verkürzungen.

Alle Maler stellen jene Themen dar, die ihnen besonders vertraut sind. Der berühmte Maler George Stubbs hat im 18. Jahrhundert zahlreiche Pferde gestaltet. Ich kann mir gut vorstellen, wie Stubbs vor einem Pferd stand, das Fleisch mit den Augen quasi abstreifte, es wie ein Skelett betrachtete und vor sich hin sprach: "Hier ist eine Sehne, dort ein Muskel..."

Aus dieser tiefen Kenntnis des Modells ergibt sich die Spezialisierung, nach der man den einen Künstler als Porträtisten und den anderen als Landschaftsmaler o. ä. bezeichnet. Manche Maler können eine Vielzahl unterschiedlicher Themen behandeln. Die meisten haben sich jedoch spezialisiert.

Es ist gut möglich, daß Sie mit der Zeit ebenfalls eine größere Neigung zu dem einen oder anderen Thema verspüren.

Bis es soweit ist, sollten Sie versuchen, Ihr Modell wirklich kennenzulernen, bevor Sie es zeichnen. Das ist eine Grundregel für jeden guten Aufbau. Betrachten Sie das Modell aus den unterschiedlichsten Blickwinkeln. Sehen Sie es sich nicht nur von der Seite an, aus der Sie es zeichnen wollen, sondern auch von der gegenüberliegenden, von oben und selbst von unten. Falls das möglich ist. Assimilieren Sie jeden einzelnen Zug, jede Form, bevor Sie sie darstellen. Versuchen Sie herauszufinden, "was es ist, woraus es ist und wie es gemacht wurde". Der amerikanische Zeichner Lawson, ein Meister der Perspektive und des Aufbaus, sagte, bevor man einen Hocker zeichne, müsse man ihn aufheben, in der Hand wiegen und ansehen, als solle man ihn selbst "mit stabilen Beinen zusammenbauen, die in einem genau berechneten Winkel fest mit der Sitzfläche verbunden werden, um eine größtmögliche Festigkeit zu erzielen".

Wenn zur Liebe zur Zeichnung eine echte Sorge um die Form kommt, hat der Anfänger gewiß das Zeug dazu, ein wirklicher Künstler zu werden. So reichte es Leonardo da Vinci nicht, sein Modell nur äußerlich zu betrachten. Er ging heimlich ins Leichenschauhaus und sah sich die Eingeweide der Toten an, um die Formen der Lebenden besser zu verstehen.

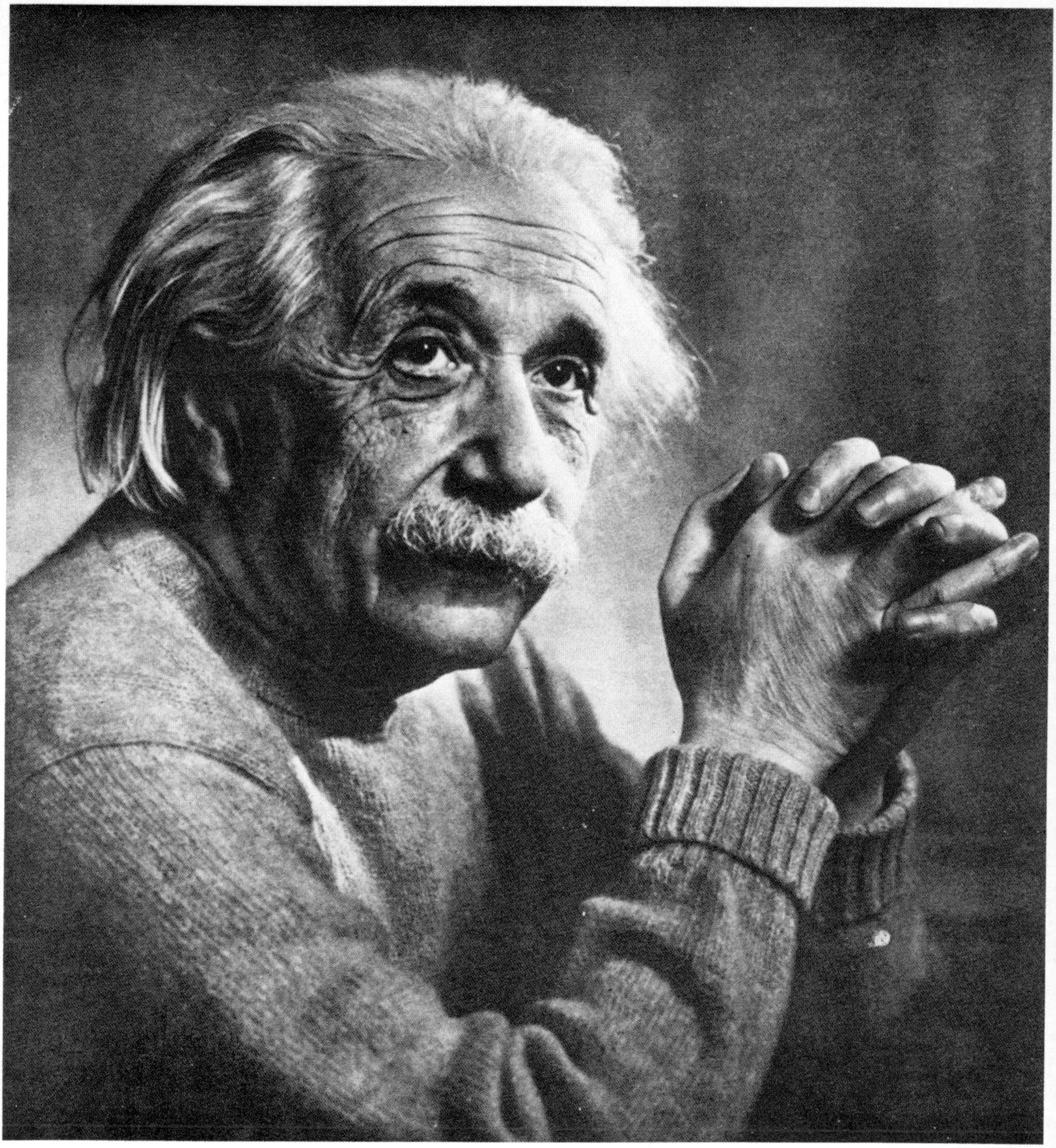

ALBERT EINSTEIN